Elfi Steickmann

Immer ess jet

Bibliografische Information der Deutschen Nationalbibliothek
Die Deutsche Nationalbibliothek verzeichnet diese Publikation in der Deutschen Nationalbibliografie; detaillierte bibliografische Daten sind im Internet über http://dnb.ddb.de abrufbar.

Umschlaggestaltung: Mira Lob, Köln
Satz/Layout: Marzellen Verlag GmbH, Frank Tewes, Köln
Druck: Theiss Druck GmbH, Österreich

Printed in Austria.
ISBN 978-3-937795-37-9

www.marzellen-verlag.de

Elfi Steickmann

Immer ess jet

marzellen
verlag köln

Foto: Jürgen Nettekoven

Elfi Steickmann – geboren 1947 – ist in Sachen kölsche Mundart eine feste Größe und aus der kölschen Kultur und von den Bühnen der Stadt nicht mehr wegzudenken. Als Autorin und Kabarettistin versteht sie es wie keine zweite das rheinische Gemüt zu beobachten, zu erfassen und wiederzugeben.

Ihr feines Gespür für den Zeitgeist ebenso wie für das Kuriose im Alltäglichen macht ihre Texte lesens- und vor allem hörenswert, denn Steickmann liest regelmäßig aus ihren Büchern. Dabei begeistert sie durch unverfälschtes Kölsch, wie es sich ein Lehrer Welsch nur hätte wünschen können.

Mit der Kabarettgruppe „Meddem us dem Levve“ erzählt sie seit über zehn Jahren von den großen und kleinen Abenteuern des Lebens und schafft es dabei immer wieder die Balance zwischen tragisch und komisch perfekt auszutarieren.

„Immer ess jet“ ist Elfi Steickmanns achtes Buch – davon das siebte in kölscher Mundart.

Inhalt

Winterzick... met allem Dröm un Draan

Üvver wat mer sich... söns noch Jedanke määt

Vör bovvendrop... jet Neues un jet Ahles

En Jedanke...

Wör ich ne Poet

Wör ich ne Poet,
Dät ich wie ne joße Möler
Uns Sproch benötze
Wie söns de Färve
Un met de Wööt jongleere,
Bes dodrus e Woot-Bild wöödt.

Wör ich ne Poet,
Dät ich wie ne joße Deechter
Uns Alphabet benötze
Un wie en Päälekett
De Bohchstave opreihe,
Bes dodrus ne Roman wöödt.

Wör ich ne Poet,
Dann dät ich mer wünsche
Dä Mot ze hann,
All dat opzeschrieve,
Wat keiner wesse mööch
Un leever flöck verjiss.

Ävver ich ben keine Poet,
Un ich ben och keine Möler,
Doch ich versöken
Ne Schrieves ze sin,
Dä met Bohchstave Levvensbilder molt,
En denne mer uns all widderfinge.

Meer ess dat jenohch.

Mi Spejelbild

Wä bess do? Saach, dat ben jo ich!
Sinn mich hück su, su wie ich ben:
Nit usjeschlofe, met vill Falde,
Ärch metjenomme, Dubbelkenn.
Metjenomme vun der Zick,
Vun minger Levvenszick jenau.
Kann mich jot noch drop besenne,
Wie't domols wor, nit fahl un jrau.
Kann mich besenne, wie et jlatt,
Schön un apaat wor, mi Jeseech.
Kann mich besenne op ming Auge,
Se strohlten hell wie Stäneleech.

Hück sin ming Auge möd un dröv,
Dat Leech dodren strohlt nit mih hell.
Un för ming Furche op der Steen
Wör ming Fott en bess're Stell.
Doch kritt mer die vun janz allein,
Vill ze flöck, mer selver staunt.
Kann mich jot noch drop besenne:
Wat wor ich fröher jot jelaunt!
Kann mich besenne op mi Laache:
Hätzlich, doch och allt ens schrill.
Kann mich op minge Mungk besenne,
Däm woodt et Bütze nie ze vill!

Besenne kann ich mich op alles,
Jriemele mich em Spejel aan.
Maach wigger Levve, ich stonn parat;
Ich weiß, do bess en Aachterbahn!

Hätzlich wellkumme leev Jeseech!
Komm, freu dich op der neue Daach.
Un die klein Risse en de Leppe,
Mi Levvenslabyrinth, ich weiß,
För jode un för schläächte Stunde,
Dragen ich die stolz als „Preis".

Mi Krosschoss ess mer hellich!

Zick Woche verzällt mer minge Augestän metunger, dat hä jo eijentlich dis Johr allt en Rente jonn künnt. Meer weed et dann janz plümerant, nit jrad vör Freud, nä, mih us Sorch, wat hä der janzen Daach derheim maache well. Hobbys, hät hä ere kein. Vill lese, ußer de Daachszeidunge, deit hä nit. Beim Spazeerejonn un Radfahre mööt ich luuter metmaache, weil hä allein jar nix jän deit. Wat im allerdings richtich Pläseer määt, meer natörlich nit, ess dat „lojistisch" neu Durchorjaniseere vun mingem kumplette Huushalt. Ene Vörjeschmack op su en Akzijun hann ich allt hinger mer, ävver hoffentlich määt hä dat nit noch ens. Vör Wot hann ich donoh en janze Woch lang nit mih met im jesproche. Un dat ess mer nit leich jefalle.

Aanjefange hät dat Kreppche aan enem Daach, aan däm hä met enem fiese Hoste un äklije Schnuppe derheim wor. Hä hatt nix zo dunn un jov sich aan et Krose en mingem Köcheschaaf, usjerechent en däm Deil, wo der Zucker, et Mähl un all die Blose, Tütcher, Döppcher un Kümpcher stonn. Jedes Päckelche un Blösje woodt en de Hand un vun alle Sigge jenau en Augesching jenomme, dann nohm Alphabet zorteet un op Häuf jestivvelt. Irjendwann ho't ich nen Bröll. Ich hatt allt jedaach, mih Leevje hätt sich aan der Zuckertüt ne Broch jehovve, do hören ich in schänge: „Ess dat dann müjjelich, do verwahrs Puddingpolver, wat allt zehn Johr üvver dem Verfallsdatum litt! Wells do uns janze Famillich verjefte un usrotte? E Jlöck, dat i c h dat Zorteere ens en de Hand jenomme hann!" Ich wor am koche. Wat räch dä Kääl sich eijentlich esu üvver dat ahle Puddingpolver op? Uns Famillich maach üvverhaup keine Pudding, un bei minger nöhkste Oprümerei wöre mer die Päckelcher secher och opjefalle. Dä stellt sich villeich jet aan! Verjefte! Do kennen ich vill bessere Rezepte! Hä liet sich durch ming Wot nit ophalde un määt mem Durchorjaniseere wigger.

Ävver dat hät hä nit jekannt! Do well dä sich doch verhaftich aan mingem Krosschoss verjriefe. Nit met meer! Mi Krosschoss ess mer hellich. He verwahren ich all dat, wat för mich wichtich ess. Et sin klein Kossbarkeite dobei. Denken ich bloß aan die ahl Mutterdaachsbref, die mer minge Jung, wie hä noch klein wor, met janz vill Leev un Möh jemolt un jeschrevven hät, verzeet met Blomeranke en naiver Mölerei, allt ärch blass jewoode. Jot, die leddich jeschrevve Kulis un usjelaufe Föller künnt mer secher fottwerfe, ävver villeich kaufen ich doch ens e paar neu Kulimine ov Tintepatrone.

En de Rezeppböcher vun der Mamm, die allt üvver fünfundressich Johr dut ess, hann ich lang nit mih jelort, doch wä weiß, wä weiß! Et künnten jo noch ens schlääschte Zigge kumme, dann hann ich de Rezepte för de Soor Bunne un der Soore Kappes enzoläje tireck parat. Dat Häufje Quittunge un Jarantiesching mööt ich zwor ens jet zorteere, ävver op keinem vun dä Zeddele steit, woför die wore. Ess mer dann doch zo jefährlich. Blieven se evvens wigger op Häuf lijje. All die Schlössele, e paar aan jedem Bund, rötsche durch et janze Schoss. Wa'mer eine dovun sök, muss mer dä andere Krom ehsch erusnemme. Bruche dunn ich die Schlössele eijentlich nie, ävver wa'mer em Summer uns Koffere avschleeße welle, ess der ehschte Jreff jedesmol en dat Krosschoss, ovschüns nit eine einzije vun dä Schlössele jemols op e Kofferschloss vun uns jepass hät. Jehören die üvverhaup en minge Huushalt ov sin die vererv?

Op die leddije Tesafilmroll fallen ich jedes Mol eren, wann ich ens widder flöck e Jeschenk enpacke muss. Morje hollen ich op jede Fall endlich ens en neu! Die Tub Handkräm ess och längs verbruch. Bes aan et bettere

Engk hann ich se allt usjedröck, ävver för ein Hand künnt noch e Knübbelche dren sin. Un dann die knüselije, fröher wieße Jadingering. Die Stang dozo läv allt lang nit mih. Mer künnt villeich ens e paar Zervietteing drus knuve. Dat klitze Dösje met e paar Milchzängcher vun mingem Jung süht jet unappetitlich us, ävver dat muss ich op jede Fall behalde. Dat Kunsstoffkosmetiktäschelche met däm ahle Jebess vun der Schwijjermutter mööt nüdich en der Möll. Minge Jung hät domet fröher en der Schull ander Puute üvverrasch un e klei bessje aanjejovve, dat hä vun singer Jroß de Zäng hatt. Domols kunnt do keiner methalde.

Wat ich wie ne Schatz höde, ess dat derwiel janz usjefranste Freischwemmeravzeiche vun mingem Jung. Wie stolz wor hä domols, wie hä jrad en de Schull kom un em Rubbedidupp schwemme kunnt. Dat Avzeiche woll ich im jedes Johr op de neu Schwemmbotz nihe. Jetz kann ich et wal loße, met üvver dressisch söhch dat jet ärch verdötsch us.

Och ne neue Perlator för aan de Krane litt he verstoche un wadt drop, endlich enjesatz zo wäde. Wa'mer eine bruch, weiß natörlich keiner us der Famillich, wo dat Ersatzdinge litt un et weed widder neu jekauf. Die allt jet „antike" Erfreschungsdöcher föhlen sich ärch drüch aan. Ov die üvverhaup noch zo jebruche sin? Vill aan Erfreschung weed domet nit mih fluppe. Die neumodische Pins vun de Fastelovensbands, met Möh irjendwann ens op ner Mädchesetzung einem avjekött, fleje em Schoss hin un her. Bes nöhks Johr Fastelovend sin die bestemmp verblötsch un verkratz. Ejal, et sin Erennerunge aan ne schöne Daach.

Dat Krosschoss hät et verhaftich en sich un immer en Üvverraschung för mich parat. He kütt mer minge Mann met singe Fottknöppelsfingere nit draan. Vun wäje neu durchorjaniseere!

Neu durchorjaniseere künnt hä em Keller jo ens si Arbeitsschoss. En dä ahl Pralineblechkeste vum Stollwerck verwahrt hä doch och all dat, wat ich et leevs en der Möll werfen dät, weil ich jo kein Ahnung hann, woröm mer rostije Näl, kromm Messinghoke, ahl Schruve, Tube met verdrüchter Färv, Jummistopper, kapodde Ventilcher, Isoleerband, klein Holzkeilcher, Reste vun der Lamperi, Batteriee en allerhands Jröße, Ladejeröte vun de ehschte Händis un Dübbele en janz vill Zoote zom Levve bruch. Sagen ich bloß, ich jonn ens en der Keller dat ahle Schoss un ding Keste saubermaache, deit hä su, als hädden ich zom „Kampf" jeblose.

Zick kootem ha'mer Waffestellstand. Jeder darf en singem Kros- un Arbeitsschoss sammele, wat hä well. Ävver nor do, söns hängk der Huussäje öntlich scheif.

Künnt ich doch noch ens...

Künnt ich doch noch ens klein sin,
Die Zick wor vill ze koot.
Der Kinderjade wor ming Welt,
Och't Spille en der Sod.

Künnt ich doch noch ens lihre
Un noch ens Schulle jonn.
Versöhke, ov et Einmoleins
Hück besser ich verstonn.

Künnt ich doch noch ens danze
Un durch der Ballsaal schwevve.
Domols dat Kleid, vun Hand jeniht,
Wor jet för aanzejevve.

Künnt ich doch noch ens jung sin,
Mem Kopp jonn durch de Wäng.
Dozo dann noch e bessje jeck,
Schlöhch ich üvver de Sträng.

Künnt ich doch noch ens stitzele
Op schicke huhe Hacke,
Drop laufe kilometerwick,
Ohne dat Knoche knacke.

Künnt ich doch noch ens blose
Wie fröher op dem Kamm.
Wöödt laache, wann ich hören dät:
Dat dat die Ahl noch kann!

Künnt ich doch noch ens fleeje
Fedderleich durch't Levve
Ohne dat, wat mich hück dröck,
Doför dät ich jet jevve.

Künnt ich doch, nä, ich kann nit mih,
Ze levve verbruch vill.
Hück klein ze sin, jung odder jroß,
Ess och kei Kinderspill.

Och blose kann ich jetz nit mih,
De Luff weed mer jet knapp.
Un knacke deit et em Jebünn,
Besonders op der Trapp.

Die huh Hacke sin passee,
Zom Talpe weed et Schwevve.
Un all die Wäng si'mer ze deck,
Denn die sin stonn jeblevve.

Künnt ich, hätt ich, wöödt un dät ich,
Wat soll mich dat noch jöcke.
Et soll all blieve, wie et ess,
Denn noch kann ich mich böcke!

Papp, jonn meer zwei jetz en der Himmel?

Erennerunge, e Jeschenk.
Se jehöre bei et Levve.
Un jrad wa'mer su en de Johre
Mööch mer die jän wiggerjevve.

E paar sin wie ne rude Faddem,
Dä sich trick durch't janze Levve,
Brängen uns mänchmol aan et Dräume,
Dröm hann ich eine opjeschrevve.

Kann mich jot noch drop besenne
Wat „Orlaub" domols dät bedügge:
E paar Däch Freud em Berjische.
Et jov nor Köh un Klockelügge.

Mer jingke stundelang spazeere
Durch Bösch un Feld, die wie en Trapp.
Keine Wääch wor mer zo vill,
Heelt jo de Hand vun mingem Papp.

Ming klein Beincher däte laufe
Wie e Döppche durch et Jras.
Jede Wies wor voller Blome.
Hann dä Döff noch en der Nas.

Mänchmol jingk et pielhuh wigger,
Dohin, wo sich de Wolke trofe.
„Papp, jonn meer zwei jetz en der Himmel?",
Dät ich jet verbasert rofe.

Allt zick Johrzehnte ess dat herr.
Ben hück nit mih su jot zo Foß,
Doch wann ich ens spazeere jonn
Schecken ich dem Papp ne Jroß.

Lauf en Jedanke üvver Wiese,
Öm mich eröm de Welt versingk.
„Papp, jonn meer zwei jetz en der Himmel?",
Ens wade, wie sing Antwoot klingk.

Ömzoch

De Rejale huhvoll jestivvelt bes unger de Deck.
Böcher, nit mih ze zälle.
Schallplaate, en Häd dervun nor eimol avjespillt.
Fröher moot mer se hann, die Kunsböhcher
met bungkte Bilder, ärch dör.
Allt zick Johre woren se en der Versenkung verschwunde,
su wie ming ahl Hötcher un minge Kningsmuff.
Hück mih jet för der Fastelovend, ävver wä well dat drage?
Üvverall ahle Stöpp.
Dovun hät sich jenohch en de letzte Johrzehnte aanjesammelt.
Dä kritt mer för ömesöns, ävver wat nix koss ess doch eijentlich nix!
Odder?

Do, ahl Deschdecke, ahl Bettbezöch, noch orijinal verpack – Irisitte –
Damas en Kamellefärve rusa, hellblau, blassjääl,
en Jröße, die mer hück kaum noch bruche kann.
De Jröße vun de Desche un Bedder hann sich, wie esu vill, och verändert.

Jläser – fröher mooten et och „Südwein"-Jläser sin,
Likörschälcher, Schabausvüjjelcher –
vun allem nor noch ein off zwei em Schaaf.
Schanzzüch – die ahl Bestecke –
mehschtens nüngzich-prozentije Selveroplaach,
klüttechwatz aanjelaufe, veerunzwanzich Deile, nie jebruch!
Ävver mer moot se hann för ze strunze.

Duden för de Jrammatik, Frembwöder,
wat jroß un klein jeschrevve weed,
bruch mer dä noch?
Bal alles weiß der Kompjuter!

Fotoalben, Bilderkeste,
Erennerunge, nor för mich,
Erennerunge för ze laache, ze dräume, ze kriesche.
Noh meer ess keiner mih do, dä jet domet aanfange kann,
dä die Minsche op de Bilder kennt, erkennt.

Wat maachen ich domet?
Metnemme – unmüjjelich – well ich och nit.
Well, nä, muss mich kleiner setze.
Villeich nemmen ich doch e paar... ävver welche?

Posteling vun der Kroß, vun der Mamm, vun der Tant,
dä muss met, jede Tass un jede Teller hät mer jet ze sage,
ohne schmeck et mer nit.
Dovun allein weed ein Kess allt huhvoll.

Ävver ich dunn mich och freue,
freue op ne neue Aanfang em letzte Levvensveedel.
Die neu Wonnung weed e Jedeech;
met neu Möbelemang, ävver och met jet vun däm ahle.
Wie säht mer su jän: „Alt und Neu verträgt sich gut!"
Dat probeeren ich jetz us un sammele,
bevör de letzte Kess jeschlosse weed, noch jet neue Erennerunge aan.

Em Sammele wor ich immer jroß,
un Keste un Katongks hann ich satt un jenohch!
Stöpp krijjen ich för ömesöns!
Alsu, op e Neues!

Wat ess bloß passeet met unsem Kölle?

Mänchmol, wann he nix mih kütt en de Jäng
Wöödt ich jän ens jet drihe am jroße Rad
Un noch ens erlevve, wie de Heizemänncher
Jesorch hann, dat alles en Kölle leef jlatt.

Doch ich verstonn, dat se nit mih kumme,
Kölle hät hück e janz ander Jeseech.
D i e Baustelle künnten die Männcher nih schleeße,
Weil et jitt vill ze vill un kei Engk en Seech.

Et ess nit bloß der Opernhuusneubau,
Dä vill Jeld verschlingk, wievill, weed nit klor,
Och Baustelle un usjebaggerte Löcher,
Die allt vun jester ävver morje noch do.

Als Staustadt do sto'mer om ehschte Plaaz,
Dat ess nit jrad för uns Stadt ne Jewenn.
Uns U-Bahn, die weed zo nem Johrhundert-Projek,
Villeich krijjen uns Enkele die endlich hin.

En alle Hötte deit et he stinke.
Wat ess bloß passeet met unsem Kölle?
Endlich ha' mer ne janz dolle Rhing-Boulevard,
Ävver he fählt et vill mih aan andere Stelle.

Uns Bröcke kapott, de Stroße jefleck.
Et rüch he noh Piss, kein Eck dovun frei.
Mer fiere em Summer jetz o c h Fastelovend
Un maachen su noch mih aan Biesterei.

Uns kölsche Sproch weed eifach verjesse,
Ess nit mih „in", ess kein Literator.
Doch se nor en Leeder am Levve ze halde,
Dat ess doch vill zo winnich, dann jeit se zom Troor.

Selvs uns Poppesetzung muss draan jläuve,
He jeit mer eifach aan't Hätz vun der Stadt.
För all die, die niemols en Kaat krijje künne,
Ov Kölsche, ov Frembcher, die triff mer ärch hatt.

Un jetz weed och noch de Krützblom versatz,
Soll op de Schääl Sick, do wo se nit pass.
Mer woren allt immer jet jeck em Kopp,
ävver langksam määt d a t Spill he keinem mih Spass.

Dat sin e p a a r Saache, die laufe verkeht,
Die Liss wöödt ze lang, se all opzezälle,
Dröm wünschen ich mer, wör et och nor vör koot
Noch ens Hölp vun de Heizemänncher ze Kölle.

Popp aan Ködcher

Der Minsch ess wie en Popp aan Ködcher,
Die fass jemaat aan Ärm un Bein.
För Minscheauge nit ze lore,
Doch dragen deit se jederein.

Die unsichbare Levvensfäddem
Wäden jelenk vun fremder Maach.
Mer künnt die Maach och Schecksal nenne,
Off triff et einer üvver Naach.

Am Aanfang sin die Fäddem länger,
Elastisch, halde Spannung us.
Mer kann se trecke bal unendlich.
Et Levve weed nor Huhjenoss.

Doch met de Johre, usjeleiert,
Strapazeet, bes dat se rieße,
Sin aanjeschlage allt paar Fäddem,
Nor noch met Vörseech zo jeneeße.

Et Levve määt se immer köter
Un hingerliet, nit nor durch Jlöck,
Nä, och durch all die vill Blessore,
Hauchdönne Fäddem uns zoröck.

Janz koot jewoode, aanjeresse
Weed langksam winn'jer och de Kraff.
Jetz muss mer sich dodrop besenne,
Wat mer mem letzte Faddem schaff.

Die unsichbare Levvensfäddem
Vun bovven huh aan uns verschenk.
Häss do och nor noch e klei Stöckche,
Kein Sorch, dat hält, bes aan di Engk.

Fröhjohr...
wat et brängk

Die Prinzespang

Vers 1
Wie kummen ich bloß hück
Aan die neu Prinzespang?
Hann ärch jestrunz, e Kinderspill!
Loss jeit dä „Run"!
Ich dunn esu, als wör ich noch
Ne jode Fründ us ahler Zick.
Bescheidenheit wör he verkeht,
Domet kütt mer nit wick.

Wie kummen ich bloß hück
Aan die neu Prinzespang?
Stonn hingen aan, de Haute Volaute
Ess vör mer draan.
Su mänche Präsident steit he
Stolz met dekoreeter Bruss.
Wa'mer en Kölle ess bekannt,
Dann ess die Spang e Muss.

Refrain:
Wann ich „in" wör,
Jet prominent wör,
Wör dat Dinge doch för mich jar kei Problem.
Fuschen mich för
Bes zor Saaldöör,
Doch dat Dreijesteen kütt nit zo meer,
Ich stonn aan der falsche Döör.

Vers 2
Wie kummen ich bloß hück
Aan die neu Prinzespang?
Süch do, die ahl Schabrack,
Wat well die en der Schlang?
Die kritt die Spang, mer weed et heiß,
En't Cör de Bläck jestubb,
Su'n Bruss hann ich nit ungerm Frack
Un deshalv dat nit flupp.

Wie kummen ich bloß hück
Aan die neu Prinzespang?
Hatt ärch jestrunz, e Kinderspill.
Loss jingk dä „Run".
Doch dismol hät dat met däm Fründ
No jar nit funkzijuneet.
Nöhks Johr ben ich mem Prinz verwandt,
Ben secher, dat dann weed.

Tuusche ka'mer keine Daach

Zwölf Uhr naaks, mer hööt se lügge
All die Klocke öm der Dom.
Un met jedem neue Klang
Weed et uns e bessje bang:
Wat dat all hät zo bedügge.

Un jedes Veedel ess aläät,
För et neue Johr zo jröße.
Wor dat ahle och nit jot,
För dat neue bruch mer Mot,
Ne Versök ess et doch wäät.

Jrad am Aanfang kütt der Vörsatz,
Wat mer besser maache soll.
Doch flöck kütt der selve Trott,
Dä met dem ahle Johr wor fott,
Liet dem neue nit vill Plaatz.

Dröm...

Doot et all nemme, wat et brängk,
Tuusche ka'mer keine Daach,
Un wie Pääle op nem Schnörche
Sin Kummer, Freud un su mänch Schörche
En der Balangks zom Johresengk.

Trone wie et Hätz

De Minsche hangen aan ehrer Heimatstadt, ejal wo se jebore sin. He sin se opjewaaße un he hann se ehr Schullzick, mäncheiner met Wot, Verdross un och allt ens jet fuul, hinger sich jebraat. De ehschte Leev hät mer he kennejeleht un jläuv, allt dodurch hät mer en janz besondere Nöh zo singer Heimat. Meer selvs jeit dat och esu.

Wann ich mih wie e paar Woche vun Kölle fott ben, fängk et ennerlich aan ze kribbele un ze jöcke, un ich muss, ejal ov et ränt ov schneit, der Dom ens widder sinn. Hann ich he opjetank met der Wärmde un der Levvensfreud vun der Stadt, fahren ich zefridde widder noh Huus un freue mich op minge nöhkste Besök.

Der Fastelovend hät widder Enzoch jehalde en de Sääl vun Kölle, un och ich trecke met. Noh e paar Jöhrcher Abstinenz ess et mer durch dä bekannte kölsche Klüngel jelunge, Kaate för „die Lachende Köln-Arena" opzedrieve. Dat Spill ess wick üvver de Jrenze vun Kölle bekannt, un vill Kölle-Fans kummen us alle Himmelsrechtunge met Bus un Bahn aanjejöck.

För üvver zehndausend maskeete Jecke ess dä Daach bal jenauesu wichtich wie der Rusemondaach.

Et ess Selvsversorjung aanjesaat. Met rollende Pittermänncher, Köhltäsche met klein Schabausfläschelcher, Wing, Kümp met Ädäppelschlot, Wööschjer un Frikadelle setz sich die „Jeckeprozessijun" en Bewäjung. En Zick vun ner Stund künnt dat „Henkelmännche" och en de jrößte Jenossmeddelmess ömjedäuf wäde. De Kneen beje sich unger der Lass vun de metjepüngelte Leckereie, un met voller Schnüss weed et ehschte Fastelovendsleed aanjestemmp. Et ess e herrlich bungk Bild, wat sich däm stelle Betrachter enprääch. Voll vun Levvensfreud, Enerjie, Loss un Kraff, die op der Nevvemann erüvverhöpp, dä mer noch nit kennt, ävver dat doort nit mih lang.

Noh e paar Minutte jehööt dä för hück bei uns Famillich. Mer lossen uns doch durch nix, ävver och jar nix, de Freud aan unsem Levve nemme. Et hät noch immer jot jejange.

Ich jeneeße dat Spill öm mich eröm, packe jede Ärm, dä en ming Nöh kütt för ze schunkele un föhle mich derheim. Wat fremde Lück em Augenbleck för e Bild vun Kölle hann, dat deit meer ärch wih. Kölle hät su vill Schönes ze beede, wat mer jrad jetz jän üvversüht. Die mööten ens all he nevve mer setze...

Die kölsche Bands bruchen ehr Leeder bloß aanzosinge, dann stemmp dä Chor vun dä zehndausend Minsche tireck met en. Bei urkölsche Milljöleedcher erwaach de Hall un dat Jletzere, Strohle un Funkele vun Täschelampe, Förzeuje un hückzedaachs och Händis, määt die Hall zo ner Zauberlandschaff. Mer loort sich aan, dröck sich de Häng un he un do wisch mer sich bei dä ahle Leeder och allt ens e Trönche vör Röhrung us de Auge. Der unbekannte Nevvemann ess allt ne Kölsche jewoode un Hätz un Jeföhl passe zesamme! Un do ess et widder, mih Heimatjeföhl. Mänchmol kann ich et selver nit verstonn. Die Aat, esu fiere zo künne, Freud däm andere metzodeile, Frembcher tireck hätzlich metzotrecke un och Trone laufe zo loße, ohne sich zo schamme, dat määt die kölsche Aat zo levve us un mich stolz, he jebore zo sin.

......un wa'mer sich die Zick nimmp, un ens janz jenau hinloort, sinn die Trone us wie klitzeklein Hätzjer.

Kölle Alaaf!

Jejesse weed zohuus

Vers 1
Janz ejal wie et Wedder ess,
Uns Freud hält alles us.
Ov Rän, ov Schnei, ov Ies, ov Wind,
Mer blieve nit zohuus.
Dis Johr jo'mer als Bärbelcher,
Su wie et sich jehööt.
Mer danze wie die Popp us Holz,
Un weede hück nit möd.

Refrain:
En Stund flüch wie ne Augenbleck.
Mer loot noh vörre, nit zoröck.
Halde mer et och bes morjens us,
Kein Sorch, jejesse weed zohuus.

Vers 2
Vum Aldermaat zom Iesermaat,
Dat ess söns jar nit wick.
Doch hück, bei all dä Jecke he,
Bruch mer doför jet Zick.
E Hännesje steit aan der Eck.
Wadt dat villeich op mich?
Lang froge, dat ess nit ming Aat.
Der leeve Jott scheck dich.

Refrain: En Stund flüch wie ne Augenbleck ....

Bridge:
Un et Trömmelche weed leis,
Mer jonn op en koote Reis.
E bessje Hätzping ess dobei,
Doch dat wesse nor meer zwei.

Refrain: En Stund flüch wie ne Augenbleck ....

Heilfaaste

Jester hann ich et jelese
Em Apothekerwocheblatt,
Dat jrad die düüster Johreszick
Uns Minsche määt ärch fuul un satt.

Em Wonnzemmer du'mer jän setze,
Weil et he wärm, nix uns bedröck.
Dat bessje, wat mer uns bewäje,
Sin Schrett nohm Köhlschaaf un zoröck.

Met ander Wööt: Mer läje zo,
Un dat, vör'm Chressdaachsfessmenü.
Dat Fett setz sich jenöhchlich fass,
Wo et nit pass, Fijor futtü!

Et heiß, jetz flöck noch zo versöke,
E paar Pündcher avzespecke,
Domet de Weihnachtsjans met Klößjer
Ohne Reu darf öntlich schmecke.

Mer bruch, domet dat flupp un klapp,
Nor Jlaubersalz, jezielt doseet.
Dat hoot sich ihrlich eifach aan,
Ich hann dat dann ens usprobeet.

Dat Salz muss literwies mer drinke.
Et leevs köm dat Jesöff retour.
Noh e paar Jläser streik der Mage,
Doch mer denk nor aan de Fijor.

Us Erfahrung kann ich rode:
Nemmt üch op jede Fall jetz frei,
Denn, wann et ähnz weed, lauft ehr üch
Nohm Klo de Hacke kromm dobei.

Setzt üch et bess flöck op't Klosett,
En jode Lüftung wör nit schlääch,
De Haupsaach ess, ehr sidd allein,
Weil mer jet vill aan Luff bewääch.

Mer blös dobei nit nor om Kamm.
Wat woodt en Bio all jeschrevve:
Wann ens ne Jletscher richtich „kalbt",
Kritt mer Angs öm Liev un Levve.

Un doot dä Salzdrunk morjens nemme,
Söns hatt ehr Freud de janze Naach.
Dat Opstonn määt zwor möd un muzich,
Ävver dat hält för Nut üch waach.

Ne Vördeil hät dat janze Spill,
Mer föhlt am Morje sich kapott,
Un weil jrön un blass mer ussüht,
Denk mer, de Kilos sin allt fott.

Domet wör Phase eins allt fädich,
Ejal ov Naachschich odder nit.
Der ehschte Faastedaach määt Laune,
Ens sinn, wat mer ze Bieße kritt.

Ze Bieße kritt mer ehsch ens nix,
Dä Daach fängk aan met nem Jenoss,
Nem Jläsje Soorekappessaff.
Nohm Durchlauf mer allt widder muss!

Ne zweite Orlaubsdaach ess fällich:
En wärm Bröh als Meddaachesse,
Die noh nix schmeck, nit ens noh Maggi,
Liet et Flitze nit verjesse.

Als klei Bonböngche darf mer dann
Suvill jetz drinke wie mer well,
Wasser janz ohne Jas ov Tee.
Mer drink nix, weil de Därm jrad stell.

Domet de Stemmung doch ens jot ess,
Un mer nit nor noch schlääch jelaunt,
Sollt mer dozo der Desch schön decke,
Su wöödt der Fruhsenn opjebaut.

Am Ovend weed bei Kääzesching
Kredenz op joldenem Damas
E Poppetässje vun dä Bröh,
Die mer allt meddaachs hät jehass.

Wann ehr de Zäng plant zo saneere,
Jetz hatt ehr Zick, dat wöödt e Fess!
Neu Füllunge un Krune künnte
Endlich ens drüjje ohne Stress.

Hält mer ein Woch dat Spillche durch,
Sin e paar Kilos vun der Höff,
Ävver durch de Därm un Mage
Langksam jet Schless noh bovve krüff.

Am nüngte Daach noh all däm Faaste
Darf mer endlich ens jet bieße,
Ne Appel odder jet Püreeche,
Doch de Därm dunn widder rieße.

Dojäjen hilf, ohne vill Reu,
Ze esse, wat der Mage schaff.
Die Hohlräum widder opjeföllt,
Föhlt mer sich jot un hät neu Kraff.

Un de Moral...
Wann et nit flupp, dat Faastespill,
Ne kleine Buch ess nit ze vill!

E jebroche Fedderche

Et Schloss em Jästeklosett ka'mer nit mih su richtich schleeße. De Döörklink ess jet lahm jewoode un schnapp nor noch em „Zeitlupentempo" zoröck. Mich stört dat, un minge Mann well dat hück, am Ostersambsdaach, flöck repareere. Ess kei jroß Problem för nen Hobbyhandwerker!

Dat nüdije Werkzüch litt allt parat, vill bruch mer jo nit för su en Minut Arbeit. Mer bruch ne kleine Schruvetrecker, en klein Zang, noch e Imbusschlösselche, fädich. Jot, die klein Schruve eruszodrihe, domet mer die Messingavdeckung avnemme kann, ess en Knibbelsarbeit, ävver hück hät hä jo Zick. Et flupp all jot, un noh zehn Minutte ess dä Fähler jefunge: Die Fedder enne flitsch nit mih su stramm, wie se et eijentlich dunn mööt, zoröck. Et weed koot üvverlaht, dann kütt de Erleuchtung: Us nem andere Schloss mööt mer bloß die Fedder usbaue, en dat kapodde erenknuve, un dann wör dat Dinge allt jeretz.

Ich hann vun su en Saache kein Ahnung un verloße mich do janz op mi Altarjeschenk. Dat versök derwiel, us nem ahle Schloss die Fedder uszobaue, un ich maachen en Rauh mi Jängelche noh bovve durch et Bad un unger de Dusch.

Dump hören ich op eimol en Stemm vun unge: „Kanns Do ens kumme? Die Döör ess zo! Ich krijjen die vun enne nit mih op." Su nen Dress, jrad hann ich ming neu Jeseechsmaske opjedrage, un jetz muss ich, weil däm Jeck de Döör zojeschlagen ess, ming Schönheitsreparature ungerbreche. Jet wödich laufen ich op bläcke Föß de Trapp erunder. „Wie häss Do dat dann widder hinkräje?" „Leevje, ich kann nix doför, die ahl Fedder ess beim Erusbrassele jebroche un hät sich em Schloss verklemmp. Stemm Dich ens met Dingem janze Körperjeweech jäjen dä Rahme, dann mööt et jonn." Un wie ich mich stemme! Ich stemme mich vun vörre, vun hinge. Klemme ming Bein fass en der Döörrahme, hollen deef Luff, ming janze Kilos pralle jäjen de Döör, un dann heiß et vun enne nor noch: „Dröcke! Dröcke! Dröcke!" Natörlich bewääch sich nix. Trotz minger jeballte Körperladung schnapp dat Dress Fedderche nit zoröck.

Langksam maachen ich mer Jedanke. Morje ess Ostersonndaach, un mer sin bei der Famillich enjelade.

Us dem Finster erusklemme kann ming Hätzblättche nit, dat ess met decke lesertrallje verrammelt vun wäjen de Enbrecher, doch usbreche ka'mer och nit. Ävver hä hät fresche Luff un jenohch Wasser. Op der Klo kann hä och un et wärme Esse künnt ich im durch de Trallje aanrecke, falls et dore wöödt.

Minge Mann hät en der Zweschezick dä Enfall, nen Holzkeil en der janze Rahme ze klemme, domet su en Aat Üvverdrock entsteit un dann die Döör dovun wie vun Jeisterhand – villeich – opjeit. Do hät hä aan meer kein jroße Hölp, ich rofe jetz ehsch ens minge Schwoger aan. Dä ess och handwerklich ne janz jewievte Kääl. Met däm zosamme mööt doch die Befreiungsakzijun klappe. En e paar Minutte ess dä zor Stell. Jetz weed vun beidse Sigge jeschruv, jedröck, sich e bessje aanjebrollt, jot Rotschläch jejovve. Ming „dragende" Roll en däm Spill ess, et Werkzüch zosammezosöke. Ich laufe en der Keller, en de Köch, en et Jadehüsje, un wie ich alles jefunge un eraanjeschleif hann, ka'mer domet nit vill aanfange. Die Fedder klemmp wigger un liet sich nit bewäje, die Döör freizejevve.

Ich ben et satt. Hören ich doch zick ener Stund nor op Kommandos, die nix bränge, un schleife Werkzüch aan, wat nix nötz. Woför jitt et eijentlich en Nohberschaff? Nevvenaan wonne zick e paar Mond jung Lück, un die sin, su wie ich dat als normale Minsch erkenne kann, verhaftich handwerklich op Zack. En minger Nut kann ich kein Röcksich op die zaate Siel vun mingem Mann nemme, dä meint, de Lück künnten üvver dat Kreppche laache. Nä, irjendwann muss hä us däm Klosett erus, schleeßlich ha'mer noch jet vör. Ich setze mi Nutprojramm durch, froge ming Nohberschaff öm Hölp, un et Rollkommando, Vatter un Son, fackelt nit lang. Et heiß bloß: Wat bruche mer? Schruvetrecker, Vierkantschruver, Zang, Hammer, Stechbeitel.

Dä Enfall vum Rollkommando, der Döörrahme ehsch ens losszemaache, domet mer e bessje mih Bewäjungsfreiheit hät, versetz minge Mann en en deefe Krise. Singe Usrof: „Dä Döörrahme kritt mer su nit av", kütt ze spät. Et Roll- un Nutfallkommando hät dat Dinge allt, ohne Schramme, avjestemmp. Die zwei sin e enjespillt Team. Op die Zorofe vum Vatter reajeet der erwaaßene Jung, ohne jet ze sage, un en knapp zehn Minute hann se die Döör op. Nix ess kapott, un eijentlich weiß ich üvverhaup nit, wie die zwei dat su ohne Radau, janz räuhich, jeschaff hann.

Die Käls lijjen sich wie lang vermesste Kamerade us dem Kreech en de Ärme. Die „Befreiung" muss jefeet wäde. Wat schmeck am späde Vörmeddaach et bess? Ne Ramazotti. Wat sagen ich eine, et wäde natörlich, un dat ess jo och verdeent, e paar mih. Der Avschied ess feuch-fröhlich.

Ävver ich, ich nemmen en der nöhkste Zick, wann ich op dat Klosett jonn, leever e Botterrämmche un jet fresch Obs met. Mer kann jo nie wesse, wann widder ens e Fedderche schlapp määt.

Dat weed der schönste Daach en dingem Levve

Et Sistenichs Elli ess en jestande Mamm vun drei Pänz , die all jot jerode sin, un och allt Jroß vun veer Enkele. Die Jroßfamillich steit, ejal wat kütt, wie eine Mann zesamme.

Vör e paar Woche hät et ehschte Enkelche, et Mira, jehierodt, keine kölsche Jung, nä, ne staatse Italijäner, der Marco, un jetz kumme bei alle Festivitäte zwei Jroßfamillije zesamme. För Kölsche jenau dat Richtije, schleeßlich sin meer jo de Südländer vum Rheinland, wann nit vun der janze Welt. Ävver mer soll et jo nit üvverdrieve, doch em Fiere sto'mer dä Italijäner en nix noh!

Letzte Woch stundt de Kummelijun vum Luigi, däm kleinste Broder vum Marco aan.

Wann zwei su jroße Sippschaffte för et Fiere beienein kumme, ka'mer dat derheim nit mih avhalde, schleeßlich hät nit jeder en Jroßköch derheim, un su woodt de Kinderkummelijun, wie künnt et anders sin, en nem italijänische Restorang jefiert.

Der Aanfang en der Kirch hatt jot jeflupp, de Pänz wore aandächtich, de Kirch rappelvoll, he un do dät einer vun der Schwitt e Trönche verpetsche, un dann jingk et Auto hinger Auto nohm jroße Fess en et Restorang.

Wä jän italijänisch iss, weiß allt, wat jetz kütt. Nohm jemötlije Aanstüsse met Schampus op et Kummelijunskind, wat jlich zwesche de Jeschenke soß un am zorteere wor, kom de ehschte Vörspeis, klein Leckereie met vill Knufflauf. Wann se all stinke, stört dat jo keine. Donoh kom de nöhkste Vörspeis un dann e Sparjeszüppche. Immer woodte de Bestecke met avjerühmp un zo jedem neue Jang neue opjelaat. Dem Elli singe Mann, der Sistenichs Will, kann allt ne Stivvel esse un drinke, ävver noh der drette Vörspeis un ohne Kennes vun dä italijänische Essjewende moot hä doch ens froge: „Wat määt dann dat Besteck allt widder he?"

Dat wor jetz för der ehschte Haupjang, dann kom der zweite Haupjang, un dann, koot vörm Platze, widder die Frohch vum Sistenichs Will: „Wat määt dann dat Besteck allt widder he?" No muss mer verklöre, dat et och zwesche jedem Jang, för de Schmecklecker noch jet mih Freud ze maache, e Häppche Spajetti jov. Ne Diätdaach wor dat nit.

Die Pänz hatte derwiel allt met de Jeschenke jespillt, de Nüsele en de Kummelijunskaate jezallt, un langksam woodt et dem Luigi, däm Kummelijunskind, däm vun alle jesaat woodt, dat dat der schönste Daach en singem Levve wör, jet langwielich. Jottjedank wor et Wedder jot un vör der Döör ne jroße Parkplaatz, prima för die Puute, do kunnten se sich jet uslevve.

Noh ner jode Stund woodt dat schöne Famillijefess vum Kriesche un Jebröll vum Kummelijunskind ungerbroche; dä ärme Luigi, em finge Kummelijunsstaat, wor vun nem Hungk aanjefalle un jebesse woode un si dör wieß Kummelijunshemb wor zerresse. Decke Trone peckelten däm Klein de Backe erav: „Nä, kein Spretz, kein Spretz, ich jonn nit en et Spidol! Nit aan mingem schönste Daach em Levve!" – No weiß jederein, dat mer bei su en Unfäll huhnüdich en Tetanusspretz bruch un die Wund vun däm Hungksbess versorch wäde muss. Et Luigiche wor nit zo beräuhije, de Stemmung stundt koot vörm Kippe, do hatt der Pattühm nen Enfall.

Hä nohm sich dä Klein, dät däm jet en et Ohr fispele un wie e Wunder woodt der Luigi stell un fohr mem Pattühm en de Nutopnahm vum Spidol. Wat dä Ühm do jeklüngelt hatt, weiß ich nit, ävver noh ner Stund wore die zwei jot jelaunt widder do un der Kummelijunskoche met all dä Kääze kunnt aanjeschnedde wäde. Dodrop hatt sich der Luigi, der söns allein kein Kääze aanmaache dorf, allt die janze Zick jefreut. Dat ehschte Kochestöck hatt et Elli jrad kräje, do kom im ne fies verbrannte Jeroch en de Nas. Wor dat vun de Kääze? Nä, dovun nit. Et Mira hatt sich met sing lang Locke zo noh üvver die Kääze jeböck un wor met sing schön Schillerlocke aan de Flamm jekumme. Der Marco kunnt it met der Stoffzerviett vörm Schlemmste rette.

Bei der janze Opräjung hatten se all verjesse, dat et Kleinste vun der Famillich, et Khira vun zwei Johr, em Kinderwage amSchlofe wor. Natörlich woodt dat Klein vun däm janze Jedöns öm it eröm waach. Neujeerich dät et sich em Kinderwage opstelle, domet it besser sinn kunnt. Dat kunnt it nor för ne koote Augenbleck, dann kippten et Khira met nem laute Bröll mem janze Kinderwage zwesche de Stöhl vun de Kummelijunsjäss un lohch do platt wie ne Rievkoche om Buch unger däm Kinderwage met Deckche un Kösse. Ävver et hatt sich nix jedonn, nor verschreck, un met nem decke Ies leet sich dat Klein flöck vun singem Malörche, däm Kuckelebaum, avlenke.

Langksam woodt et Famillijefess widder richtich jenöhchlich un mer hoot av un aan der Sistenichs Will widder froge: „Wat määt dann dat Besteck allt widder he?" Su verleef der Nommedaach. Derwiel wor der Pattühm mem Kummelijunskind ens koot op der Kirmesplaatz nevvenaan jejange. Dat hatt hä nämlich däm Luigi versproche, wann hä sich em Spidol brav en Tetanusspretz jevve liet. Natörlich leefen all Pänz met un et woodt för der Pattühm ne döre Nommedaach, denn jede Puut kräch ne dolle Luffballong, entweder ne Pirat, en Katz, en Micky Mouse, en Sonn ov e Pääd.

Der Ress vun däm Fess verleef dann doch noch janz ohne neu Zweschefäll, kein Blessore mih un keine neue Hungksbess. Beim Adschüss sage woren se sich all einich, dat dat en selde schön un harmonische Kinderkummelijun wor, bes se om Parkplaatz wore. Do woodten se jewahr, dat jedes Auto en öntlije Knoll hatt. Usjerechent aan däm Daach wor wäje der Kirmes op däm Parkplaatz Haldeverbott. Natörlich hatt dat keiner vun inne jelese.

Ejal, et wor ne schöne Daach. Jetz mooten se all nor noch de Pänz met de Luffballongs en de Autos zorteere un dann op Heim aan. Et Elli woll helfe: „Leon, hoffentlich kritt dinge Papp der jroße Luffballong en et Auto!" – Nä, bruch hä jetz nit mih, hät sich erledich!

Wie üvverall: E bessje Schwund ess immer!

E Krätzje vun der Leev

De ehschte Leev kütt off jet flöck,
Wobei mer jar nit weiß, wat jöck.
Mehschtens passeet dat en der Schull
Un mer verjiss, wat dreimol Null.
Mer schriev sich Brefjer ungerm Desch
Un weed vum Lehrer dann erwisch.
Vörbei ess et met der Kuraasch,
Wat en Blaamasch!

Beim nöhkste Mol weiß mer allt mih,
Nor nit jenau woröm un wie!

Jeit Ärm en Ärm durch Wald un Feld,
Haupsaach allein, dat ess, wat zällt.
E wärm Jeföhl krüff huh en deer,
Läufs wie op Wolke nevven meer.
Et ehschte Bützje opjedröck,
Wat ess mem Jöck?

E paar Johr wigger kennt mer dann,
Wat sich spillt av su dann un wann
Zwesche de Mädcher un de Junge,
Nit immer ess dat jot jelunge.
Mänchmol do sin de Wolke huh,
Mänchmol flöck fott, dat ess esu,
Mänchmol bess do knatschverröck,
Dann kütt der Jöck!

Su jonn de Jöhrcher en et Land,
Un mänche Leev em Land sich „fand".
Nor bütze wor off nit jenohch,
Mer hät jelihrt, jet mih deit jot.
Ens he, ens do koot erenjeroche,
Sich mänches Mol ze vill versproche,
Un feel die Leev dann en der Pötz,
Der Jöck nix nötz!

Op eimol steit se stell, de Welt,
Mer sök nit mih, nit ens för Jeld.
De Leev, die hät dich voll em Jreff,
Ov Frau ov Mann, uns all se triff.
Et Bütze weed zom Huhjenoss,
Och met der Jöckerei ess Schluss.
Nor noch Jeföhl un Knutscherei,
Jeden Daach Mai!

Sidd dankbar, dat ehr hat ör Jlöck,
Jetz hann die Jüngere der Jöck.

Jede Mamm hät e Rääch op ne schöne Mutterdaach

Wie immer, wann et öm wichtije ov janz besonder Däch jeit, ess der Vatter vum Ännche jeschäfflich ungerwächs. Hä kann jo nit doför un dat Klein hät söns domet kei Problem. Ävver dat hä usjerechent aan Mutterdaach nit do ess, määt im ze schaffe. Jetz muss et janz allein, ohne sing Hölp, der Mamm ne schöne Daach maache, un met fünf Johr ess dat verhaftich nit esu eifach. Ävver et Ännche, robus jestreck för et Levve, krämp de Maue huh un loss jeit et!

Mutterdaach, 6.03 Uhr
De Mamm vum Ännche litt noch em deefe Draum, do hööt se e laut Fispele am Ohr. (En leis jitt et dat beim Ännche nämlich nit.) „Maammaa, ich well deer nor sage, dat do hück usschlofe kanns, su lang wie do mööchs. Do bruchs dich öm nix ze kömmere. Do weiß doch, hück ess Mutterdaach! Maach ding Auge zo un schlof schön."
Met nem scheife Jriemele em Jeseech määt sich et Ännche durch de Döör. Dä Fierdaach weed secher för de Mamm ne Jenoss.
De Mamm driht sich jenöhchlich op die ander Sick.

Mutterdaach, 6.08 Uhr
Widder dat laute Fispele, jetz am ander Ohr. „Maammaa, nor janz koot, kanns jlich och wigger schlofe. Ich hann extra för dich mi Lieblingskleid met dä jroße Blome aanjetrocke. Et schönste wat ich hann. Dat wor villeich en Arbeit, dat hingen us dem Kleiderschaaf ze frößele. Maach der kein Jedanke, ich rüme die Saache, die jetz do op Häuf lijje, späder och janz allein widder en, wann do schön schlöfs. Ävver am Mutterdaach muss mer sich doch schön maache.
Deis do mer ens die zwanzich klein Knöppcher om Rögge zomaache, dann ben ich och janz leis widder fott un do kanns schön wiggerschlofe."
Avfloch zom zweite Mol un de Mamm mööch sich jetz noch nit vörstelle, wie et em Kinderzemmer ussüht, un driht sich widder op die ander Sick.

Mutterdaach, 6.12 Uhr
De Mamm hööt e laut Klack-Klack om jode Parkettboddem. Selvs wa'mer deef schlöf, nit ze üvverhöre. Dä, et Ännche hät alsu jetz och noch sing Lieblingsschohn, Schläppcher met klein Kunsstoffavsätz, jefunge. Nit ohne Jrund hät de Mamm die hinger der Spillkess verstoche. Wa'mer domet durch de Zemmere läuf, wie Ännche, die „Elfe" met däm hade Schrett, ka'mer domet ne Dude opwecke. Un do steit et och allt widder vörm Bett.
„Maammaa, schlof noch jet, ävver kann ich en der Zweschezick et Wölkche födere un us dem Ställche erusloße? Dann ess die Arbeit allt jedonn. Schlof schön!"
Dat „Jo", wat de Mamm nit besonders fründlich erusquetsch, weil langksam jet jenerv vum nit mih janz esu schön schlofe, stört et Ännche nit.

Mutterdaach, 6.17 Uhr
„Maammaa, kumm ens janz flöck. Et Wölkche (die, die nit wesse wer Wölkche ess, dat ess e Kning, eijentlich e Zwerchkning, ävver et künnt em Stammbaum dat ein ov ander Riesekning dozweschejeflutsch sin), et Wölkche hät mer mi schön Kleid volljepinkelt. Mähs do mer die Knöpp widder op, dann kanns do schön wigger schlofe."
Met decke Auge un nem decken Hals steit de Mamm op. Usjerechent dat Kleid, wat sich nit janz esu schön wäsche un noch vill winnijer schön büjele liet, moot dat blöde Kning hück en aller Herrjottsfröh bepinkele.

Mutterdaach, 6.20 Uhr
Dat schöne Kleid ess usjewäsche, de Mamm hät der Kaffe un der Kakau wärm jemaat, en der Zweschezick hät et Ännche der Desch jedeck.

Mutterdaach, 6.27 Uhr
„Maammaa, ess dat nit jenöhchlich? Hann ich deer dat su janz allein nit all schön jemaat, dich nit jestört un dobei kunns do su lang schlofe, wie do wolls?"
De Mamm kann jrad nix sage, se ess esu unendlich dankbar un hät Trone vör Jlöck en de Auge.

Vatertag – Muttertag

He pass nix zesamme

Och meer hann ne Daach em Johr,
„Muttertag", dä jrad ehsch wor,
Doch loße meer kein Sau erus,
Meer blieve mehschtens brav ze Huus.
Em Keller bliev der Bollerwage,
Un Strühhööt du'mer och kein drage.
Meer dunn och nit öm Hüüser trecke
Un lauthals fremde Lück verschrecke.
Meer singen och kei Leed vum Suffe,
Kummen nit heim op janz lang Schluffe.
Meer dräumen nit, ov dat ess erblich,
Wie wa'mer wören hück unsterblich.
Bei uns weed kei Faß aanjeschlage,
Un, dat muss ich jetz ens sage,
Wie uns Käls ne Ruusch usschlofe,
Domet däte meer uns strofe.
Denn..
Meer waden op uns jroße Pänz,
Mutter sin ess unbejrenz.
Meer freuen uns, wann de Famillich
Aanröck, jo, dann si'mer sillich,
Un meer brängen op der Desch,
Wat mer jekoch hann, vill un fresch.
Mütterhäng kennen kein Rauh,
Uns Puute wessen dat jenau,
Un jonn se satt dann us dem Huus
Blieven uns Spöl un Blomestruuß.
Doch....
Av disem Johr kütt jetz der Schnett:
Am Vatertag jonn meer jetz met!

Nor e paar Luffmasche opschlage

Et Lisbeth, allt einije Jöhrcher en der Rent, hät e paar Hobbys, die em Freud maache: Et deit jän lese; wann et künnt, et leevs vun morjens bes ovends, un et deit jän häkele un strecke. Strecke kann et bal alles em Schlof su nevvenbei, wann et vör der Äujelskess setz. Et bess fluppen em Söck met Fäschte un Spetze.

För e paar Woche soß et derheim widder ens üvver nem Bohch un hatt om Schuuß de Woll öm ze strecke allt lijje, do kom ne Aanrof: „Hööt ens Frau Krämer, stemmp dat, dat Ehr bei uns aan der Jrundschull en Häkel-AG üvvernemme wollt? Ör Enkeldoochter, et Marie, hätt Üch aanjemeldt." Dem Lisbeth schlohch koot der Plaggen en, dann hatt et sich jefange. Do hatt dat klein Ohs, et Marie, sich heimlich ohne ze froge ärch us dem Finster jelaat. Nojo, blameere woll et Lisbeth dat Klein nit, un su hatt et en neu Stell: Mondaachs en der 6. Stund bes zo de Summerferie aach Mädcher un einem Jung et Häkele beizebränge. Dä Aanrof kom sambsdaachs un flöck stundt der ehschte Kampfdaach, der Mondaach, vör der Döör. En singem Kalender hatt et Lisbeth sich jetz jede Mondaach als Häkeldaach enjedrage.

Ehschter Optrett vun der neu Dozentin Frau Häkel-Nadel-Krämer (die Lehrerinne hann hückzedaachs jo bal all Doppelname): 6. Stund, Klasseraum 1c. Nüng Paar Auge lorten de Frau Häkel-Nadel-Krämer nit jrad unfründlich, ävver fründlich ess anders, aan. Eijentlich wor et mih e Beäujele lans dem Liev, su vun bovve bes ungen. Et Enkelche, et Marie, wor natörlich och en der Klass un sprung dem Lisbeth en de Ärm, wie wann et vun ner Safari ov besser vun ner Weltömsejelung noh Monde widder em Land wör. Söns wor dat Klein met Junsbezeujunge mih wie sparsam. Och die klein Fründin vum Marie, et Mariannche, wat en all dä Johre, die se sich kannte, nit ens eine Satz mem Lisbeth jesproche hatt, kom op et aanjefloge, jov em de Hand un saat: „Tach Oma"! Dat fängk jo allt jot aan, daach sich et Lisbeth. Hann ich jetz durch die wunderbare „Häkelvermehrung" op eimol nüng Enkele? Nä, nit all wore su aan em interesseet. Et Minna hatt schingks kein Freud aan der Famillijebejrößung un och kein aan der Verdeilung vun de lilafärve Häkelnodele (neuste Mod) un de Baumwollknäuele. Et laat sich platt wie en Flunder, et hatt jenohch derför op de Rebbe, op die för die Stund zesammejestallte Desche un maat jet op fuul. Et Lisbeth kunnt die aach Paar Auge wie Stechnodele en singem Rögge spöre. Wat määt de Frau Häkel-Nadel-Krämer jetz mem Minna? Et Lisbeth woss, dat et jetz drop aankom, domet se em nit all op der Nas eröm danze wöödte.

„Minna, wann Do Dich hinläje muss, weil et Deer nit jot ess un Do Buchping odder jet am Mage häss, dann muss ich Dich leider noh Huus schecke. Ding Jesundheit jeit mer vör. Ich rofe flöck Ding Mamm aan, die weed Dich secher jän avholle. Wann et nit esu schlemm ess, dann setz Dich bitte wie die ander Pänz öntlich hin." De Jesundheit wor wal doch stabiler wie jedaach, et Minna soß. Nohdäm der Ryan noch op et Klosett moot un et Phoebe (Fibi usjesproche, dat hatt et Lisbeth flöck jelihrt) sing Häkelnodel us singem „Bauernzopf" jefrönzelt hatt, kunnt die Stund endlich aanfange.

Ziel en der Stund wor su ennerlich för et Lisbeth, fünfunzwanzich Luffmasche opzeschlage. Et Erjebnis wor nit su tireck, dat wat et jedaach hatt. Die nüng Pänz hatten jrad ein Schling en et Jaan jemaat, dann wor die Schullstund öm. Dä here Aansproch, bes zo de Summerferie ne Packaan, einen „Topflappen", met de Pänz zo schaffe, hätt et Lisbeth jetz allt bejrave. E paar Luffmasche beim nöhkste Mol, domet wör et allt zefridde. Wat et ävver met Staune fassjestallt hät: Der Ryan, dat zebinge Käälche, dä maat alle Mädcher jet vör. Hä kunnt et bess met der Häkelnodel ömjonn.

Üvver de Wolke

Vers 1
Sechs Uhr fröh Linie Eins,
Noch verschlofe die Jeseechter.
Langksam kütt der neue Daach,
Noh un noh jonn us de Leechter.
Wie jän hätt ich jetz jewoss,
Wie vill Dräum op Reis sich maache
Un wohin der Wäãch se dräht,
Höör der Petrus allt laache.

Refrain:
Üvver de Wolke
Hät mer Freiheit, he jitt et kein Wäng,
All uns Angs un all uns Sorje, mer säht,
Deit mer verjesse, et ess nie ze spät,
Künnt mer och fleeje wick fott ömesöns,
Fählt mer e Kölsch un jet Flönz.

Vers 2
Sinn am Kiosk se allt stonn,
Lück, die jlich op Heim aan jöcke,
Die ehr Arbeit hann jedonn,
Sich zom Schlofe dann verdröcke.
Ehschte Sonnestrohle hann
En de Eins der Wäãch jefunge.
Nevvenaan em Reisebus
Weed allt lauthals jesunge.

Refrain:
Üvver de Wolke...

Vers 3
Un op eimol ben ich waach,
Merk' der Alldaach hät mich widder.
Haldestell, koot vörm Büro,
Drusse Sonn trotz nem Jewedder.
Dunn der Krage huh un jonn
Schrett för Schrett us minger Draumwelt
Voller Neujeer, wat hück kütt,
Hoff', dat meer dat jefällt,

Refrain:
Üvver de Wolke...

Ich hann doch ne jröne Dume

Et ess nit esu, dat ich Blome nit jän hann. E Zemmer ohne Blome, besonders ohne die, die mer en de Vas stellt, kann ich mer nit vörstelle. Ne schöne Blomestruuß jehööt, wie der Kölsche säht, bei et Ambijente!! Ävver met Jrönplanze hann ich eifach kei Jlöck, entweder se versuffe ov se verdrüjje bei mer. Ich fingen nit der richtije Packaan för se ze fläje, bes op Orchidee, die sin jo nit verwennt un bruchen och allt ens e paar Wöchelcher keine Droppe, die üvverlevve bei meer de schlemmste Drüjje un Üvverschwemmung. Ävver dat nor su nevvebei. Letz Johr wor minge Kusäng met singem Altarjeschenk bei mer op Besök. Die zwei hann derheim ne jroße Jade un sin met Jemös un Blome op Do un Do. Un wann minge Kusäng mer stolz singe Jemösjade zeich un aandächtich üvver de Bunne, Jurke un der Plöckschlot strichelt, künnt mer denke, hä wör selvs allt ens ne Plöckschlot jewäse.

Janz stolz brahten se mer ne selvs jetrocke Schössling, e klei Tomatestämmche met, weil ich jo ne Balkong hätt un secherlich Plaatz för su e

Pöttche. Natörlich woodt met jot Rotschlääch nit jespart: Dä Sprössling Schössling, alsu dat Stämmche, dorf op keine Fall en der prall Sonn stonn, immer jet Schatte mööt sin; dann öm Joddes Welle keine Wasserjutsch vun bovve, nor jet Feuchtichkeit vun der Sick, immer et Stämmchen jot aanbinge un av un aan ens dünge. Noh nem jode Esse wor de Famillich dann durch de Döör, un ich stundt do met mingem Tomatestämmche. Ich hatt singe Dud allt vör Auge.

En de nöhkste Mond, mer hatte jo letz Johr verhaftich keine Summer, dät et op die Tomat räne wie e Bies, mänchmol dagelang, un do ich kei Üvverdaach hann, stundt et Wasser off huh bes aan der Rand odder leef sujar drüvver. Kom endlich ens för e paar Stündcher de Sonn erus, knallten die op dat Stämmche un die paar Blättcher, die draan wore, woodte fussisch un krünkelich. Em Stelle daach ich allt, et en der Möll ze dunn.

Ävver irjendwie hatt dat Stämmche ne starke Üvverlevvenswelle. Ejal wat för e Wedder wor, wo et Wasser herrkom un wie de Sonn knallen dät, et kome neu Blädder, neu Blöte un us de Blöte woodte klitzeklein Tomate, Cocktailtomate, un ov ehr et jläuvt ov nit, et jov Däch, do hatte mer ovends fünf ov sechs vun dä klein rut Bällcher om Teller lijje. Ich wor richtich stolz. No woll ich natörlich mingem Kusäng, dä vun mingem nit besonders jröne Dume woss, doch ens jet Föör unger de Fott maache un jet aanjevve, un do kom mer ne Enfall.

Ich hatt jrad aan der Jemöskar e paar decke Fleischtomate jekauf, die wie jemolt om Teller lohche.

Drei dovun hann ich zwesche die klein Tomate en dat Stämmche jefummelt, su, dat mer die Jröße jot sinn kunnt, e Bild dervun jemaat un dat mingem Kusäng met dä Wööt jemailt: No lor ens, wat us Dingem Jeschenk jewoode ess. Ich hann doch ne jröne Dume!

E bessje neidich kom die Antwoot en Sekund späder: Do süht mer et widder, de dömmste Boore hann de deckste Ädäppel. – Dä hät mer dat doch verhaftich jejläuv!

Jetz hät mer jo Zick doför

Se ess widder do, die widderlije Hervs- un Winterzick, wo morjens de Autoschieve naaß sin, wie wann et de janze Naach üvver jeränt hätt, un ovends die feuchte Käld einem selvs em wärme Wonnzemmer de Knoche aan et knacke un kühme brängk un de Bein nor noch wih dunn.

Fröher, fröher hät mer sich dann met Klosterfrau Melissejeis dat aanjeschlage Jerämsch enjerevve. Der „Jeis" wor för alles jot: vun Schuppenflechte bes Schweißföß, quasi för all dat, wat dozwesche lohch. Ävver hückzedaachs jitt et ander Hölp. För die wihe Bein ka'mer et ens met Wellsanas Zip Zap Strümp versöke. Die sin „hautfreundlich und atmungsaktiv" us Nylon un Elasthan, bei 30 Jrad ze wäsche un verbessere op jede Fall der Blotfloss en de Bein un stötze de Krampodere av. Jot, dat Aantrecke ess en Wessenschaff för sich, un et dort sing Zick, bes mer die stieve Strümp, die nit nor die Färv vun ner ahl Levverwoosch hann, nä, die och su eng wie en Wooschtepell setze, aanjetrocken hät. Mänchmol weed einem dobei de Luff jet knapp, weil mer dat all em Böcke maache muss. Un wa'mer sich vörher noch jet Latschenkiefer-Beinlozijun met Titandioxid för de Besenreiser avzedecke, dat sin die klein Resse, die mer em Alder aan janz vill Plaatze kritt, wo mer se et leevs nit sinn dät, jejünnt hät,weil mer hoff, dat dä Rosskastanieextrak, dä do met dren verarbeidt ess, de Huck janz flöck straff määt, ess der Vörmeddaach met där Akzijun allt bal vörbei.

Un weil mer jrad ens ungen ess, deit mer üvverläje, wat mer he noch all maache künnt, domet die Böckerei sich och luhnt. Alsu beschäftich mer sich met de Föß un Ziehe, denn för die ze fläje, jitt et widder vill neu Saache. Et jitt Ziehetrenner, Ziehespanner, Silikon-Ziehespreizer, Puffernagelzange, jet jäjen Hallux Valgus un, janz wichtich, Schrundensälvje met Urea un Panthenol. Noh e paar Woche sollen de Föß „babyweich" dovun wäde. Mer fröch sich nor, wat en der Werbung „e paar Woche" bedügge.

Der Stötzjödel Turbo hilf bei Bauchmuskelschwäche, jitt der Wirbelsäul Halt un ess met Klettverschluss, endlich ens jet eifacher, aanzeläje. Soll nit petsche ov zwecke. Avwade!

Met Enlage för de Fäschte un Arthrostep Gel-Einlegesohle künnt mer de Föß noch janz besonders erfreue, un dat Euko-Med-Foß-Sälvje ess noch ne Däu besser, wie dat Schrundejemangs un hilf och bei Diabetes un Neurodermitis. Mer weed alsu quasi durch de Föß vun unge noh bovven jeheilt.

Dat Nacke-Massaschehönche met Rutleech- un Wärmefunkzijun en erjonomischer Form met 2-stufijer Vibrazijunsmassasch ess et Tüppelche för bovvendrop. De Jesundheit ess domet kaum noch opzehalde!

Un sollt mer am Daach doch noch jet Zick för ander Saache hann, dä neue Blotdrockmesser met 2 x 60 Speicherplätz för 2 Lück un jroßem Display för die schäl Auge ess Spetze, un mer kritt domet der Ress vum Daach jot üvver de Runde.

Wa'mer dat all hinger sich hät, dann ka'mer noh all däm Jedöns jenöhchlich widder aanfange, de Wellsanas Zip Zap Strümp langksam uszetrecke.

Mer kann jo ens ömtrecke

Alsu, domet ehr et all wesst, ich ben vör e paar Mond ömjetrocke. Ich well üch jar nit vörknaatsche, wie schlemm et wor, dä en Häuf aanjesammelte Krom ehsch ens zo zorteere, Dress fottzewerfe un dat, wat dann noch üvvrich wor (ich hann immer noch vill zo vill Tasse em Schaaf) ze verpacke. Ävver et hät sich jeluhnt un mer verjiss die janze Arbeit flöck.

Ußerdäm hatt ich Jlöck met dä Lück, die mingen Ömzoch jemaat hann. Ich hann zwor alles selver enjepack, ävver die janze Schlepperei woodt för mich jemaat. Un, do ich jo vill aan Krom hann, hatt ich die Kartongs all öntlich met Zeddele bekläv, wat dren wor, wo et vörher wor un wo et widder eren sollt.

Wie jesaat, et leef alles prima, noh e paar Däch woren de Kartongs leddich, woodten avjehollt un jetz hann ich e neu Derheim.

Natörlich hann ich minge Fründe un Bekannte verzallt, dat ich su e doll Ömzochsteam hatt un die wigger empfohle. Un, wie et su kütt, en Fründin vun meer kunnt dat Team bruche. Och bei ehr stundt ne Ömzoch en et Huus, un sei un ehre Mann woren dankbar för jede Tipp, vör allem för der minge. Un dann jingk et bei denne loss mem Enpacke.

Vör e paar Däch kom de ehschte Mail vun minger Fründin: „Ich jläuven, ich hann ding janze Ömzochskartongs jeerv. Dat Jeschrevvene op dä Zeddele ess ding Handschreff. Üvvrijens, hingen op dä Zeddele steit vun deer jet drop. Bess do widder neu Verzällcher ov Rümcher am schrieve? Wann ich die Zeddele wie e Puzzle zesammefrößele, künnt dat dann e neu Rümche vun deer sin?"

Sollt einer ens sage, ich wör nit sparsam. Wor mer jar nit opjefalle, dat ich gebruchte Zeddele jenommen hatt.

Am nöhkste Daach kom widder ne Jroß: „Hann jrad dinge Kartong: Vorsicht, wertvolles Meissner Porzellan jepack. Do bess mer doch nit kott, dat i c h en dat Dinge jetz ming janze Tupperdöppcher un ahl Enmaachjläser zorteet hann. Irjendwo muss ich die jo och loße. Ävver dinge Zeddel loßen ich op jede Fall drop, su kann dä Tupperdösjer un dä Enmaachjläser jar nix passeere."

Hück dann die Krönung: „En dingem Kartong ‚blaues Service aus dem Vertiko' lijjen jetz vun mingem Altarjeschenk die fresch jewäschene Feinrippungerbotze met halvem Bein un met „Eingriff", alles en Wieß, un ming Naakspunjele met Spetzemaue jenöhchlich openein. Bal wie em richtije Levve. Jot, blau sin die nit, ävver Wieß verdräht sich jo met allem."

Hück hann ich noch kein Mail kräje, ich ben ens jespannt, wat ming Fründin en die Kartongs met der Opschreff „alte anjekatschte Ersatz-Kochtöpfe und Pfannen" pack. Villeich Mämmestipper, lang wärm Unger- botze un ahl Ungerröck us Charmeuse. Die kenne mer doch all noch vun fröher. Op Französisch heiß charmeuse „bezaubernd".

Wann ich hück aan „charmeuse" denke, denken ich aan alles, nor nit aan „bezaubernd", hühkstens aan schön, jroße, weiche Putzlappe, jet Öntlijes för de Häng, för et Auto odder et Fahrrad zo putze. Dat wor doch noch jet anderes wie die futzije Retzefäjerungerbotze, die üvverhaup keine Packaan hann.

Doch...alles hät sing Zick. Hück ess evvens die Retzefäjerzick un wat kütt donoh? Vill winnijer kann et ävver nit mih wäde!

Zwei jäjen dressich

Et Tina hät Freud am Levve. Et Fröhjohr ess do, un e paar Däch woren allt su wärm un voll Sonn, dat mer sich öm ne schöne Summer kein Jedanke maache muss. Jetz weed et Zick, die düüster Klamotte en et Schaaf zo zorteere, öm langksam die Baselümcher en de Fröhjohrs- un Summerfärve uszepacke. Jrad su bei de ehschte Sonnestrohle ka'mer sing schön Fijor endlich ens widder en voller Praach zeije, bruch nix mih unger decke, labrije Wöbcher zo versteche, Leech un Luff sin aanjesaat.

Dat ess dem Tina sing Zick, sich frei zo föhle un alles zo zeije, wat et hät. Nor, et hät fassjestallt, dat et jet zo vill vun allem hät, un dat natörlich aan de verkehte Plaatze. Vum Winterspeck ess wal doch öntlich jet hangejeblevve un en die knappe Röck, Botze un Blüsjer muss et sich erenschruve odder erenquetsche. De Optik ess em Emmer, nit mih dat, wat se ens wor. Do künnen och sing unjewöhnlich schön krulle lang Locke un die doll Bein, met denne et Tina jesänt ess un op High Heels durch Kölle läuf, nix draan ändere.

Och singe Jörsch, e jestande Mannsbild, hät öntlich jet op de Rebbe kräje, un su „Hamsterbäckelcher", wie hä jetz hät, hatt hä fröher nie. Jot, mer muss jo nit jrad en Fijor hann wie die Rebbejestelle, die de Mode hück als Moß nimmp, denne mer et Vatter Unser durch et Jebünn blose kann, ävver he un do e paar Pündcher winnijer söhch besser us un wör och jesund för et Knochejerämsch.

Alsu, en Diät muss herr! E paar Däch üvverläjen die zwei, dann weed besproche, wat mer maache künnt, un wat erusküttt ess: Mer maachen en Diät, su jet wie Trennkoss, ävver mer trenne uns nit, mer maachen dat zosamme. Alles, wat mer dobei nit esse darf, weed us dem Köhlschrank erusjeworfe, et Kölsch un der Wing en der Keller usjelagert un dann nor dat en de Nöh vun de Tellere jestallt, wat mer esse darf.

Die ehschte Woch muss mer sich aan die Veränderunge jewenne, ävver alle zwei hann der Ihrjeiz, e paar Kilos zo schaffe. Noh drei Woche sin de

Hamsterbäckelcher vum Jörsch allt jeschrump . Noh sechs Woche deit der Buch allt nit mih stippe un noh nüng Woche – jetz sin bei im allt zehn Kilos durch de Döör – kann hä sich ne neue Aanzoch, en janze Kleiderjröß winnijer, kaufe.

Nit dat ehr denkt, ich hann et Tina verjesse. Hann ich nit, ävver dat hät nix zo verkünde. Nit ei Kilo hät et, trotz Disziplin bes zom kriesche, avjenomme. Natörlich deit et sich selvs jet beräuhije: Fraulück hann ne andere Körperbau, et Fettjewebe krallt sich jrad bei Fraue vill mih fass wie bei de Käls, un ehsch ens et Verbrennungsschema. Dat ka'mer eifach met däm vun de Käls nit verjliche, do durt et halt jet länger, bes die Diät jrief. Ävver wann se dann jrief, dann sin die „fallenden" Kilos nit opzohalde.

Hück hann ich et Tina un der Jörsch, noh zwölf Woche Diät, zofällich jetroffe. Alsu der Jörsch, dat muss ich sage, süht staats us en singem himmelblaue neue Aanzoch, zwei Kleidernummere kleiner wie vörherr un en singem schmal jewoode Jeseech bletzen de Auge. Fuffzehn Kilos – dressich Pund – hät hä verlore.

Et Tina ess jet muzich. Bei em hät dat leider nit su jeflupp, janz su vill hät et nit avjenomme, ovschuns et sich aan all die Avsproche jehalden hät. Ävver dat eine Kilo, alsu die zwei Pund, die fallen einem tireck janz doll aan de Häng en et Auch. De Fingere sin richtich filijran jewoode.

Summer...
doheim un ungerwächs

Et ess nit immer esu, wie et sich aanhööt!

Dis Däch hann ich en der Zeidung jelese, dat et em Augenbleck janz vill Wespe jitt. Dat köm vum späde, ärch wärme Summer un de Wespenester wöre vill jrößer wie söns.

För Lück, die op esu e jroß Wespeneß jän verzichte däte, wör der Kammerjäjer un nit de Feuerwehr zoständich. Un do die „Jäger" jrad janz vill am „Jage" sin, mööt mer Jedold hann un wöödt denne klein Kannibale et bess us em Wääch jonn.

Ich kann dat verstonn, weil mäncheiner noh su nem jeftije Wespestech ärch malad weed un och allt ens met allerjische Reakzijune en et Spidol muss.

Irjendwie hann ich em Kopp, dat mer fröher domet anders ömjejangen ess. Ävver villeich woren die Biester domols noch nit esu jefährlich.

Dat Kreppche, wat ich üch jetz verzälle, litt allt Johrzehnte zoröck.

Ming ältste Neech wor jrad e I-Dötzje un hatt en der Klass en klein Fründin jefunge. Och de Eldere, ming Schwester un minge Schwoger, un de Eldere vun der klein Fründin kunnten sich tireck jot ligge. Jrad die zwei Käls hatte, wie säht mer, ne besonders jode Droht. Allebeids woren se aan Sport interesseet un jän met de Pänz en der Nator ungerwächs. Su trof et sich, dat die zwei met de Weechter aan nem Wocheengk em Summer vun Friedaachnommedaach bes Sonndaach ne Zeltorlaub en der Eifel maate.

Natörlich wor ming Schwester fruh, dat Klein ens för en koote Zick us de Föß ze hann, ävver ov de Versorjung vum Vatter klappe wöödt? Derheim kunnt dä nit ens richtich Kaffe koche, vun Ädäppel, Eier ov Huusmannskoss janz ze schwijje. Alsu maat se ne „Beipackzeddel" för de Reisetäsch: Eimol am Daach wärm Esse, nix Scharfes, nix Fettijes, nix Sößes, janz winnich Fleisch, ävver vill Jemös. Et Bess dozo Fruchtee ov stell Mineralwasser, op keine Fall Cola. Jeden Daach aan fresche Ungerwäsch denke, öntlich de Zäng putze un oppasse, dat dat Klein nit wie ne Papajei durch de Jäjend läuf. Dä Rot hatt natörlich ne besondere Jrund; der Vatter wor esu färvebling, dat et einem mänchmol plümerant woodt.

Bei der halve Huusstand, dä de Mamm för die Reis enjepack hatt, komen dann noch all die wichtije Droppe un Pelle un et Fieberthermometer för et Kind. Mer kunnt jo nit wesse!!!

Met noch e paar jot Rotschlääch maaten se sich dann met dem Leed: „Nein, sorg dich nicht um mich..." endlich (dat „endlich" för beidse Sigge) durch de Kod un versproche, em Bösch aanjekumme, sich vun ner Tilefonzell ze melde. Zo der Zick jov et noch kei Händi. Ming Schwester hatt sich för der Daach jet vörjenomme, wor ävver pünklich spät nommedaachs, wie besproche, zohuus.

Un dann kom der Aanrof. Zoehsch wor dat Klein draan. Vör luuter Bejeisterung, wie schön et wör, kom et beim Spreche en et Struddele, de Mamm kunnt noch jrad verstonn, dat die Fläsch Cola allt leddich wör, der Iesbecher lecker un der Papp met em avjemaat hatt, kein dreckelije Wäsch met noh Huus ze bränge. Die sauber Kledaasch, de Seif un de Zantbööschte wöödten se en der Reisetäsch loße. Jetz woll ming Schwester doch ens der Vatter spreche.

Der ehschte Satz: „Maach flöck, ich hann kei Kleinjeld mih", jingk jo noch, ävver w i e die nöhkste Sätz, „Jo uns jeit et jot, he ess alles en Odenung, mer verdragen uns, maach der kein Sorje, mer wäde all satt, bes Sonndaach, tschüss", usjesproche woodte, dät ming Schwester vum Sockel haue.

Jetz wor hä eimol met singer Doochter un Fründe allein ungerwächs un hatt nix Besseres ze dunn, wie sich allt am späde Nommedaach volllaufe ze loße.

Dat Nohhuuskumme wöödt hä nie verjesse.

Am fröhe Sonndaachmeddaach stundten se all widder jesund en der Döör, beinöhks jesund, denn bevör ming Schwester Luff holle kunnt, saat dat Klein: „Mamm, dat wor löstich, en Wesp hät der Papa tireck am Friedaach en de Zung jestoche. Dä kunnt bes hück Morje kaum e Woot spreche. Ävver jetz jeit et widder, jetz freut hä sich op et ehschte Kölsch."

Frembsproche, för uns Kölsche kei Problem!

Ming Fründe laachen sich kapott un schecke mich met nem Bärm jot Rotschlääch en de Ferie.

Do, mem Wohnmobil, drei Woche durch Kanada. Op engstem Raum met dinger Famillich. Ohne Stöppsauger, ohne Opnemmer, ohne Putzemmer. Kein hundertveezich Quadratmeter Wonnung, kei klei Möbelemang, wat do jede Woch hin- un herrstivvele kanns. Kei Postelingkrömche un kein Wandtellere, die der beim Avstöbbe Pläseer maache.

Ävver doför häss do e üvver Aach-Meter Jeschoss unger der Fott met sechs Bedder, nem kleine Ovve, ner Dusch, en der do dich nit drihe kanns. Op däm Klosett wees do nit lang setze künne, denn wä kann allt met aanjetrocke Bein bes unger der Hals si Jeschäff maache. Un dann et Wasser – kei Wasser us Kölle! Secherlich häss do mehschtens kaum ne Droppe för en Tass Kaffe. Alsu dann doch nit dusche, nit wäsche. Villeich av un aan ens spöle en dem kleine Wäschbecke, kleiner wie ne Zuppeteller. Un ejal wo do steis ov sitz, immer krüff einer vun dinger Famillich aan der vörbei. Schön! Dat nennt mer Körperkuntak unungerbroche. Bade, bade kanns do en de nöhkste drei Woche bloß en ieskahl Jebirchsflöss un ov do vun Plastiktellere aanplaaz vun Hutchenreuther ov Rosenthal esse kanns? Ding Kledaasch flüch ständich durch de Jäjend.

Ußerdäm, alsu ußerdäm ess et zo där Johrszick heiß, dat de Krohle jappe, et ess jo „Indian Summer"! Indian Summer met Millijune vun Möcke, die all nor op dich wade.

Ens lore, wie do, wann do zoröck bess, ussühs. Nimms do och der Dom met, domet do kei Heimwih kriss? Denk draan, drei Woche trecken sich!

Ich moot ehsch ens Luff holle. Met esu vill jot Wünsch usjeröss, mööt dat Aventörche doch klappe.

Met winnich Jepäck, för jede bloß eine Koffer, jingk et dann mem ehschte Floch met Mann un Son op ne ander Kontinent. Beim Ensteije en de „Canadian Air" feel mer et Hätz en de Botz, un dat kom ehsch widder en de Hüh, wie mer, noch aanjeschnallt, huh üvver de Wolke us dem Finster lorten. Mi Jeheensschaaf leef op Huhture. Av jetz mööt ich noh üvver dressich Johr ens widder englisch spreche. Ich hatt zwor versök, mich aan e paar Vukabele ze erennere, ävver vun der Jrammatik hatt ich kein Ahnung mih. Irjendwie wöödt et secher och esu fluppe.

Noh üvver aach Stunde Floch sohch et beim Ussteije en Calgary jenau esu us wie bei uns derheim. Ävver dann sohch ich se, de Wolkekratzer, die ich bloß us der Äujelskess kannt. Jewaltije Baute, bal huh bes en der Himmel, stundte zaldatejlich nevvenenein.

Der Dom feel mer en. E hüher Bauwerk hatt ich noch nie jesinn. Hoffentlich wör dä nit beleidich, wann ich im dat ens verzällen dät. Ich kunnt mich nor schwer vun däm Aanbleck lüse, ävver mer moote jo wigger. Minge Mann tuppten mer op de Scholder: „Loor ens do, do steit uns Wonnmobil!" Minge ehschte Endrock: Et sohch schick un sauber us, wor janz neu. Mer woren de ehschte Orlauber, die domet reise kunnte.

Et Möbelemang benne us janz heller Eich, rustikal jeschnetz, e Kanapee un zwei Sesselcher. Jenohch Schränk jov et och, de Bedder sohchen bequäm us, de Dusch, no jo jet klein, dat Klosett tireck donevve, e futzich Wäschbecke hinger nem Vörhang. Alles klein, ävver bletzeblank.

Alsu putze un avstöbbe kunnt ich he och. Mer jefeel et jot. Dat woll ich flöck mingem Mann verzälle, ävver dä hatt em Augenbleck ander Sorje. Hä versook jrad em Föhrerhuus met all dä Knöppcher un Hevvelcher parat ze kumme. Der Schweiß leef em der Rögge erav vör luuter Altratzijun: Och dat noch, Automatik!

Dat woodt för mi Altarjeschenk en jroße Ömstellung, un minge Jung un ich hatten en de ehschte Däch allerhands uszehalde. Sing Vollbremsunge us voller Faht en der tireckte Stand, hä benötzten doför immer widder der falsche Bremsfoß, brahte mingem Jung e paar üvverraschende Kuckelebäum un blo Flecke en un meer beinöhks drei Jenickbröch. Doch mer wore hatt em Nemme. Dobei darf mer nit verjesse, dat bei jeder Vollbremsung en de Schränk un en de Schösser alles durcheneinfloch. Ävver mer lihrt alles ens, doför kom dann widder jet Neus op uns zo. Der Himmel maat de Pooze op un et ränten de nöhkste Däch vum Himmel huh. Wat sagen ich, de nöhkste Däch, bal jeden Daach kom ne Sän vun bovve. Vun wäje „Indian Summer Hetz". Dönn Saache hatte mer jenohch em Koffer, ävver langksam kome mer met dä paar wärm Klamotte en de Bräng.

Wäscht ens ne Pullover met lang Maue en enem Zuppeteller!

Met all dä klein un jroße Problemcher kome mer zerääch, un die selvs zosammejestallte Reis wor herrlich. Womet ich nit zerääch kom, dat woren die Schwärm vun Möcke. Se feelen üvver uns herr un stochen uns aan alle müjjelije un unmüjjelije Stelle. Däte bes en de Ungerbotze kruffe, un och en huckenge Jeans wor för die klein Vampire kei Hindernis. Einer vun uns wor sich immer am jöcke un am kratze.

Eines Morjens dann der jroße Schreck. Se hatten uns naaks et Nummerescheld vum Wonnmobil jekläut. En Kanada hät mer nor ei Scheld un wann dat fählt, muss mer dat tireck der Pulizei melde. Ich stellten mer vör, wie dat bei uns deutscher Bürokratie avlaufe wöödt, un mer broch der Angsschweiß us. Bestemmp mööte mer he e paar Däch blieve. Ennerlich wor ich am koche. Ming Nerve hingen aan nem sigge Ködche.

Wie sollt ich dat bloß en ner Sproch verklöre, die ich bloß met Möh un Nut för et Enkaufe kunnt?

Mer feelen op dem Pulizeireveer en. De Personalie woodte opjenomme un der Herrjang moot jescheldert wäde. Met Häng un Föß hann ich versök mi Bess ze jevve. Die Frohch „Wann hatt Ehr dat Nummerescheld zoletzt jesinn?" braht mich us dem Fazung. Vör luuter Raasch jov ich zor Antwoot: „Yesterday evening wor et noch do!" Mer hätt en Stechnodel falle höre künne. Janz verbasert lorten mich der Schupo aan, un ming zwei däte sich schibbele vör laache. Ich hätt se et leevs ömjebraat.

Irjendwie wor der Schupo dann doch met minge Usföhrunge zefridde un mer kunnte wiggerfahre. Un donoh feel et mer och immer widder op, dat ich en brenzelije Zituazijune jän Englisch met Kölsch vermisch hann: Where ess die Tankstell? What have I zo bezahle?

What ess do hingen eijentlich loss? Mehschtens hatt ich et selvs jar nit jemerk, ävver ming Famillich!

Janz unbewoss hatt ich ming Muttersproch un ming Jedanke aan Kölle als „blinde Passagier" met en der Flejer jeschmuggelt un fohlt mich domet bal wie derheim. Un janz ihrlich, Kölsch met Englisch, ne jode Klang! Probeet et doch ens us!

Orlaubsjedanke

Häss do jedaach, do mööts ens fott,
Mööts ens erus, jet anders sinn?
Häss do jedaach, nor Sonn un Meer
För e paar Däch, dat wör et Ding?

Häss do jejläuv, dat jede Stadt,
Die do besöks, sich op dich freut?
Häss do jejläuv, nor weil do küss
Mer jrad för dich he Ruse streut?

Häss do bedaach, do, wo do bess,
Do kennt noch nit ens dich en Möck?
Häss do bedaach, wann't Heimwih kütt,
Do kanns nit, wann do mööchs, zoröck?

Häss do jemerk, he en däm Land,
De Kircheklock och anders lück?
Häss do jemerk, dat Hetz un Wind
Deer eijentlich nit vill bedück?

Häss do jesinn, he hät mer Zick
Un nommedaachs bal jeder schlöf?
Häss do jesinn, dat nevvenaan
Alle paar Stund vum Toon mer röf?

Haupsaach, do häss dich jot erhollt,
Häss Sonn jetank op dinger Reis.
Jetz ess et jot, mööchs flöck noh Huus,
Di Kölle röf dich allt janz leis.

Wandere määt su vill Freud

Wann ich hück sinn, wat mer för e Thiater määt, för et räächte Orlaubsziel för de janze Famillich ze finge, krijjen ich mih wie nen decken Hals.

Ess sich dann de Famillich immer noch nit einich, weil jeder singe persönlije Mostert dozojitt, weed allt nor die Planung för ne erholsame Orlaub zom Eierdanz.

Dä eine mööch Sonn, dä andre Wasser un Strand, dä nöhkste öm Joddes Welle nit ze vill Sonn, leever vill Schatte, zentrale Laach vum Hotel, e Veer-Stäne-Huus mööt et suwiesu sin, met jodem Esse, ärch kinderfründlich, ävver nit ze laut.

E Jeschenk vum leeven Jott, wa'mer dat dann all verhaftich fingk un de Famillich zefridde ess.

Wie wor dat fröher bei uns derheim?

Mer hatte ne Fünf-Persone-Huushalt. Dat wor der Papp, de Mamm, ming Schwester, minge Jroßvatter un ich. Un et wor en de jroße Ferie jar nit müjjelich, met alle fünf ze verreise.

Ehschtens hatte mer nit dat nüdije Jeld un dann moot der Jroßvatter versorch wäde. Hä hatt en singem janze Levve noch nie Ferie jemaat un wor nit ze bewäje, en singem huhe Alder - hä wor Engks aachzich - dat ens ze versöke. Ävver weil der Papp der Haupverdeener vun der Famillich wor, wor de Mamm der Meinung, winnichstens hä mööt e paar Woche us dem ahle Trott erus, un dröm fohr der Papp immer drei Woche en et Oberberjische noh Drabenderhöh. Dat de Mamm ne jroße Huushalt föhren dät met allem Dröm un Draan un selvs noch nie och nor eine Daach Ferie jemaat hatt, dovun sproch keiner.

Minge Papp wor ne Wandervurrel. Wo ander Minsche Föß hatte, hatt hä Wanderstivvele. Hä broht vill fresche Luff, vill Jröns för ze talpe un jot Esse. Un dat jov et all em Berjische, dozo noch för winnich Nüsele. Meer Pänz, alsu ming Schwester un ich, mer woodten em Wääßel metjenomme. Ihrlich, vill leever wöre mer derheim bei der Mamm un dem Jroßvatter jeblevve, denn noh drei Woche Wanderlevve mem Papp, hatte mer Plattföß, Blose aan de Fäschte un och et kleinste Fitzje Freud verlore, en de resslije Ferie nor e paar Schrett ze vill ze maache. Ävver der Papp jläuvten, uns en riesije Freud met dä drei Woche „Superferie" ze maache.

Die Avfaht wor allt e Malörche. All dat, wat ich metnemme woll, woodt widder usjepack un nor vernünftije Saache dorfte met en der Koffer. Schleppe moot ich dä suwiesu allein. Ävver die Wanderschohn, die widderlije, decke, hässlije Knäbbele, die dät der Papp nie verjesse.

Vum Düxer Bahnhoff fohr domols ne Bus en ca. zwei Stund noh Drabenderhöh.

Hück fleje mer en e paar Stündcher en der Süde odder op ne ander Kontinent, jot opjehovve en nem Luxusflejer, ävver dat ess nix jäjen uns Busfaht. Der Papp wor ne Pünklichkeitsfanatiker. Hä moot zo jedem Termin ov zo jeder Stroßebahn mindestens en halve Stund fröher aan Oot un Stell sin, ehsch dann wor hä zefridde. Alsu stundte mer uns am Düxer Busbahnhoff de Bein en der Buch.

Der Bus kom pünklich, die Koffere woodte verstaut, d. h. en Jepäcknetze odder unger de Bein, un wann jar nix mih jingk, om Schuuß, natörlich op mingem. Bei uns jingk et nie anders.

Weil minge Papp nit jot eng setze kunnt – besser nit woll – aanjewinkelte Bein wöre schlääch för singe Kreislauf, wor die Plaatzwahl nit eifach. Wie ne Jeier dät hä sich op die hingere Setzbank stöze un do die Plaatz en der Medde beläje. He kunnt hä wunderbar sing Ärm un Bein usstrecke. Ich soß en ner Eck met dem schwere Koffer om Schuuß. Ming Ärmun Beinfreiheit dät kein Sau interesseere. Janz unjefährlich wor ävver die Meddelplaatz vum Papp met Schosslinie bes op der Schuuß vum Busfahrer nit.

Ävver wä daach aan en Vollbremsung? Keiner! Die Faht jingk loss un die Setz ohne Fedderung maaten die Toor zo ner hubbelije Magen- un Darmstreck. Unungerbroche moot einer us dem Bus en et Jröne för ze pinkele.

Mer woren su unjefähr en jode Stund ungerwächs, et jingk jet avschüssich der Hang erav, do moot der Fahrer jih bremse. Minge Papp wor jrad en Zeidung am lese un hatt die Zituatijun nit su rääch em Bleck. Dat Avbremse maat us im e Jeschoss, hä dät us singem Sitz huhfleje un schoss, de Zeidung noch immer vörm Jeseech, noh vürre. Koot vör der Windschutzschiev kom hä verschreck zom Stonn.

Dä Daach fingk ihrlich allt jot aan.

Üvvrijens, die ander Däch och. Morjens 6.00 Uhr fröhliches Wecken. Vörm Fröhstöck wor et em Bösch besonders jesund un noh'm Wäsche met ieskahl Wasser, Wärmwasser jov et suwiesu nit om Zemmer, jingk unse Fröhmarsch met nem löstije Leedche op de Leppe loss. Drei Stund woren ne Klacks, op jede Fall för der Papp, un et jov ungerwächs, ußer sing widderlije, zesammejepaaschte Salmijakpastillcher, nix ze esse un nix ze drinke.

Nommedaachs dann noch ens drei Stündcher wandere, un ich feel ovends hungksmöd en de Fluhkess.

Je mih Däch vun dä drei Woche verjingke, je unlöstijer woodte ming Wanderleeder, un ich kunnt die Salmijakpastillcher nit mih sinn. Naaks dräumten ich, endlich ens widder em eije Bett ze schlofe, av un aan mich och ens wärm bade ze künne un dat ich üvver ming wunde Plattföß selver bestemme künnt.

Der Papp hatt sich prächtich erhollt, hä hatt jenohch Luff un Nator jetank un freuten sich op sing Arbeit. Un ich, ich freuten mich op de Summerferie em nöhkste Johr, dann dorf ich bei der Mamm un beim Jroßvatter derheim blieve, dann wor ming Schwester met dem Wanderlevve, Plattföß un Blose draan.

Rentner-Impressijune

Dem Hövelmanns Theo singe Nohber, der Krautmanns Jottfried, hät en singem Jade ne herrlich aanjelaate Deich met Joldfesch. Dat Summe vun der Wasserpump jehööt för de Nohberschaff allt zick Johre bei et Levve.

Dis Däch sohch der Theo, dat der Jottfried em Deich jet am brassele wor. Hä lohch op de Kneen janz noh am Rand, wick vörjebeuch, dat der Kopp bal em Wasser hing, un wor met beidse Häng aan der Pump irjendsjet am repareere. Su wie et ussohch, dät dat nit besonders jot fluppe, un der Jottfried brabbelten dat ei ov ander Schängereiwoot, Dress wor noch et aanständichste, en singe nit vörhandene Baat.

Jefällich, wie der Theo vum Herrjott jestreck, klomm hä üvver die klein Jadebretz för dem Jottfried ze helfe. Noh jet Frogerei woss hä dann, dat ne kleine Schlauch aan der Pump jeresse wor, un dat resslije Stöck mööt mer jetz met ner Schell widder aan die Pump aanklemme.

Flöck wor dem Theo, handwerklich op zack, klor, dat die Schell, aan där der Jottfried jetz allt en Stund am frößele wor, vill ze klein för dä Schlauch wor. Op sing Frohch: „Häss do kein jrößere, su kriss do dat nie repareet?", kom jet muzich die Antwoot: „Doch, ävver en der Karaasch un su'n lang Ärm hann ich nit". Alsu leef der Theo en de Karaasch, hollten die größere Schell, kneenten sich nevven der Jottfried un jetz woodt met veer Häng erömjebrasselt. Et verjingk en Zick, ävver dann hatt der Schlauch verlore, die Schell hatt richtich jepack, un de Pump leef widder met dem bekannte Summe.

Zefridde met sich lorten die zwei Heimwerker sich aan un wollten opstonn. Wollten opstonn, ävver dat jingk nit. Die ahl Knoche, dat Jerämsch em Rögge, die kapodde Höff un die lädeete Kneen, dozo die Mannslücksbüch, aan denne mer sinn kunnt, dat die zwei nix jäje flössije Nahrung hann, däten sich nit reppe un nit wäje. Se komen allebeids nit mih en de Hüh, lohchen do op de Kneen wie e modän Denkmol „Köpp em

Joldfeschdeich", ävver se wören och beim Nommedaachsjebett en der Moschee esu zosammejeklapp nit opjefalle. Et jov ävver och nix en der Nöh, wo se sich ens hädden jet avstötze künne. Rundseröm nor Jras odder Wasser, wat bekanntlich nor der Herrjott dräht. Jetz moot einer helfe. Ävver wä? Natörlich reef der Jottfried noh singem Altarjeschenk, dem Trudi. Ömesöns, et Trudi wor jrad mem Rad erus. Jetz reef der Theo noh singem Altarjeschenk, dem Ilse, ävver och dat wor schingks ungerwächs. Flöck woodt denne zwei klor, bes et Trudi ov et Ilse ens en der Jade köme, künnte Stunde verjonn un die Knoche wöre dann noch stiefer, su kunnten se op keine Fall lijje blieve.

Jottjedank hatt der Theo en der Schull em Faach Physik jot opjepass. Wa'mer sich jäjensiggich stötze wöödt, su Sick aan Sick, jeder si Bess aan Kraff jevven dät un dä Drock dann en der Medde openein köm, dann künnt mer sich su quasi em Zeitlupetempo zosammejepaasch huhstemme.

Un su woodt dat dann och jemaat. Wie Kamerade aan der Front feelen die zwei sich am Engk vun der janze Plackerei en de Ärm, kloppten sich op de Scholdere un dann wor en flössije Beluhnung aanjesaat. Et blevv nit bei einem Kölsch, un wie de Altarjeschenke nommedaachs noh de Käls lorten, lohchen die allebeids nevven der Wasserpump op der Wies, wore sillich am schlofe un dobei am schnorkse, dat de Joldfeschjer sich de Kieme zoheelte, un wa'mer jenau hinhören dät, hoot sich dat Summe vun der Wasserpump aan wie: Et hät noch immer jot jejange.

Vun Duve un Drossele

Der Männerjesangsverein die „Jung Veedelsdrossele", der Stolz vum janze Veedel, ess en de Johre jekumme. Jrad hann se et Fuffzichjöhrije jefiert, un dat Dolle ess, en Häd vun de Jründungsmetjlidder jubileet noch met. Jot, stemmlich nit mih janz esu op Zack, treffen se immer winnijer de richtije Tön. Jrad de Tenorstemme knödele sich allt ens jet en de Hüh, ävver weil se bal all schlääch höre, wäden die falsche Tön vum verschlesse Jehör eifach avjefange. Em Klortex: Keiner merk dat.

Wa'mer ens hinger de Kulisse lort, künnen se sich ungerenein allt zick Johre nit mih jot ligge, doch se halden, ejal wat kütt, zosamme, weil jet flöjellahm sin se all. Et eije Sängerheim ess mettlerwiel et Wonnzemmer vum 1. Vörsetzende, un dä plustert sich beim Probe immer öfter op un määt jet op decke Botz, su noh däm Motto: Dat hatt Ehr all nor durch mich un meer zo verdanke! Derheim hät hä nit vill zo sage, ävver he..... Mänchmol jeit dat dä Sängerjunge öntlich op der Senkel un et jitt dann jet Zänkerei. Ävver wann se sich hingernoh en der Weetschaff op der Eck et Strößje jet öle, ess alles widder verjesse.

Zick Johrzehnte dunn die „Jung Veedelsdrossele", mer mööt se eijentlich ömdäufe en „Ahl Veedelsdrossele" fründschafflich met ander Jesangsvereine jet klüngele. Nit dat ehr denkt, die wören en der Nohberschaff, nä, se hann sich jet jetraut un ens üvver der Tellerrand jespingks. De Jrenz woodt üvversprunge un dann jingk et loss.

Zoehsch kom ne Verein us Belgie op Besök, e paar Johr späder komen de Holländer un dann e Schmölzje us Luxemburg. Die Kunzäätovende, die se zosamme em vereinseije Sängerheim jejovven hatte, woren de Krönung vum janze Johr. Et Bess wor, dat mer sich met all dä Jasssänger och ungerhalde kunnt, weil die mehschtens Huhdütsch kunnte.

Dis Johr hatten se sich jet enfalle loße, Kuntak met nem Männerjesangsverein en Italie opjenomme, ungen am Engk vum Stivvel, un die „La Palermo Duve" hann et sich nit nemme loße un die Enladung en et Veedel aanjenomme.

Su kom et, dat Aanfang Mai su öm de 50 italienische Duve, et woren mih ahl Duve, die prima bei de Veedelsdrossele passen däte, met Bus un Bahn aanjereis kome. Dat die nit nor för eine Daach kome, wor de Drossele klor. Se hatten e Besichtijungsprojramm met Dom un Bräues zosammejestallt, wat sich sinn loße kunnt, un der Schreffführer hatt et sich nit nemme loße, zosätzlich jede Stein, jede Kirch un jede Baustell en Kölle zo verklöre. Bei dä janze Akzijune moot dat Orjanisazijunsjenie dann fassstelle, dat kaum einer vun de Jäss deutsch spreche odder verstonn kunnt. Nor der Dirijent kunnt sich jet, ävver wirklich och nor „jet" verständije. Ejal, irjendswie komen se klor, hatte zosamme Spass aan der Freud un et Kölsch dät och dä rutwingverwennte Duve schmecke. Un dann, jo un dann kom der Kunzäätovend em Vereinsheim bei 28 Jrad em Schatte.

Die „La Palermo Duve" joven et Bess, quasi jeder vun de Sänger wor ne pangksijoneete Caruso un bei „La Montanara" dät et Publikum nit nor vun wäjen der Hetz dohinschmilze. Natörlich woren och de „Jung Veedelsdrossele" nit zo bremse. Alles dät fluppe. Spät en der Naach mooten se dann Avschied nemme, ävver die Duve hatten sich jet enfalle loße. Jrad för dä Ovend hatten se sich als Dank för die jroße Jassfründlichkeit janz vill Möh jemaat un e huhdütsch Leed enstudeet. Ärch schwer för die Junge us dem Stivvel, die uns Sproch nit verstonn, nit spreche, ävver och nit lese kunnte. Se mooten der Tex phonetisch enstudeere, hatte wochelang derheim jeprob, woßten ävver nit, öm wat et en däm Leed jingk.

Jetz wor endlich der jroße Augenbleck för die Duve jekumme. Em Saal wor et mucksmüsjesstell. De „La Palermo Duve" stallten sich op un dann hoot mer em Mai, bei 28 Jrad em Schatte, met janz vill Jeföhl 50 Duve singe „Stelle Naach, hellije Naach". Un keiner hät jelaach, nor e paar hann sich verstolle de Schweißpääle avjeputz.

Wem et jefällt!

Irjendwie ess jeder e Sportskanönche

Alsu wesst ehr, wat määt eijentlich dat Schmitze Rösje, die klein Putschblos, em Ruderclub? Ich kennen dat zick der Kinderverwahrschull un zerbreche mer dodrüvver allt mondelang der Kopp, kumme ävver zo keinem räächte Erjebnis. Odder hann ich jet üvversinn?

Alsu, sportlich, sportlich wor un ess et nit, ovschüns vum Vatter mööt et dat jeerv hann, denn dä kunnt domols noch der Rhing durchschwemme, su ne dolle Schwemmer wor dä. Ävver dem Rösje singe sportlije Ihrjeiz hät allt en der Schull am Beckerand vum Ajrippabad opjehoot. Wann it schwemme moot, jingk it nor met Rettungsreife, Angel un Schwemmbrett en et Becke. Jedem Doof mööt jetz opfalle, dat Wasser nit jrad dem Rösje si Element wor.

Radfahre kom im do us Fuulheit allt nöher, weil it, wann et zo aanstrengend woodt, avsteije un däue kunnt. Nutfalls kunnt it sich ävver och met nem vör Ping vörjespillte ärje Bröll vum Rad falle loße. Dat wor för it immer der letzte Uswääch, dann woodt jede Radtoor avjebroche, it wie e rüh Ei noh Huus jefahre un vun allemann bedort.

Jo un wä säht eijentlich, dat mer Sport nit och op en ander Aat bedrieve kann.

Et Rösje määt nämlich jeden Daach janz vill Jymnastik met de Auge, lese ess sing Welt. Dozo määt et am Kompjuter mih Fingerübunge, wie mer sich denke kann, weil et jän schriev un off bes en de Naach op der Tastator erömklopp. Met de Häng ess et flott, wie en Maschin. Häkele, strecke, stecke, och „Jobeläng", kann et us dem Effeff. En Häd vun Belder un Täsche sin met der Zick entstande. Wie minge Jung noch janz klein wor, hatt it de jrößte Freud, dä Klein met Rollmötze en alle Färve zo bestrecke. Natörlich en Üvverjröße, op Zowahß jestreck, söns dät sich die Arbeit jo nit luhne. En de ehschte Woche kunnt minge Jung die neu Mötze als Tarnkapp benötze. Ävver Pänz waaße jo flöck...

Och minge Mann woodt op Chressdaach ens „furchbar" üvverrasch. Et Rösje hatt als Dank för die Nohberschaffs-Hölp och ens minge Mann bedaach. Dat Üvverraschungsjeschenk wor en natorjrön Streckwess, (wie se die Aachzichjöhrige hückzedaachs immer noch drage), die beim Aanprobeere allt kein rääschte Fazung hatt. Die Woll wor verhaftich em Urzostand falsch jedriht odder opjespult woode, un su soß die Wess ehsch en nüngzich Jrad Schrächlaach perfek. Un weil minge Mann keine levvenslange Haldungsschade reskeere woll, moot et Rösje met verkrische Auge dat jode Stöck opriffele. Et jov Jottjedank nie en neu Wess. Secher wor et e janz klei bessje beleidich.

Wat it ävver besser wie jeder, dä ich kenne, strecke kunnt, woren Söck. Un do, wo die Streckspezijalistinne Brassel hann, bei de Fäschte un Spetze, do läuf it zor Huhform op. Ich selvs ben met minger Streckkuns nie aan it draanjekumme. Ich kann zwor och Söck strecke, ävver die ka'mer bloß als Hüttenschohn aantrecke.

Woröm et Rösje letz Johr och noch et Klöppele jelihrt hät, weed wal immer si Jeheimnis blieve. Ich hann keine Versteistemich, wie mer sich aan nem 2 cm lange un 1,5 cm breide Klöppelspetzje su bejeistere kann. Die Aanfangswünsch, ens en Deschdeck, en Bettspreid odder en Jarding ze klöppele, woodte allt janz flöck üvver der Haufe jeworfe. Ävver it hatt Aki för Weihnachtskaate. De janze Famillich un de Fründe sollten su en Klöppelkaat als Üvverraschung aan Chressdaach em Brefkaste hann. Wat bei der Knuverei eruskom, wor widder bloß e fuzich, kaum brefmarkejroß Stöckelche us Lingejaan. Ihrlich, e Stöckelche Mullbind hädden et och jedonn un wör keinem opjefalle. Dat Lingejaanwunder sollt als Kääzekorpus op en wieße Kaat jekläav wäde un e klei Joldködche drop als Flämmche. Die Mull-, Entscholdijung, die Klöppelkääz sohch esu bedresse us, dat et bei einem Versök jeblevven ess. Wann ehr letz Johr alsu kei Kunswerk vum Rösje en der Weihnachtsposs jehatt hat, nit trorich sin, Chressdaach kütt jo widder. Villeich klapp et dis Johr, dann muss et Rösje ävver jetz allt met der Arbeit aanfange.

Un jetz weiß ich och, wat ich am Aanfang üvversinn hann, natörlich muss et Rösje en der Ruderclub, wo künnt et besser klöppele, strecke, stecke, lese, verzälle, jenöhchlich Kaffe drinke un all sing ander Fähichkeite richtich uslevve, denn rudere dunn he de winnichste.

Mer wessen doch all, jede Club hät och inaktive Metjlidder un för die streck et Rösje jetz för die Fraulück Söck en Rusa, för die Käls en Himmelblau. Un för die Aktive hät et sich jet enfalle loße: Die krijjen Söck en Rut för „Backbord" un Jrön för „Steuerbord". Un, wie allt jesaat, aan sing Fäschte un Spetze kann keiner tippe!

Nix ess verjesse!

Der Tünn wor ne Jung us dem Levve, zwor nit en Kölle jebore, ävver dat heiß jo nix, och em Berjische jitt et Minsche, die nit erenspäue. Hä wor he opjewaaße, un he hät hä bes zo singem Dud em Huus vun de Eldere met singer Famillich jewonnt. Letz hatte mer e Famillijetreffe, un do kütt mer su mänches Mol vum Hölzje op et Stöckche un verzällt vun fröher. Dis Mol wor e Kreppche vum Tünn draan, wat mer all noch nit kannte.

Der Tünn hatt domols die Aanjewende, bal jeden Ovend, wann hä vun singer Arbeit op Heim aan jingk, ne koote Avsacker en der Weetschaff op der Eck em Dörp ze nemme. Natörlich stundt hä do nit allein aan der Thek. He trof mer sich, ävver nor die Käls, un däten der Fierovend met e paar Jläser Kölsch un nem Schabau enlügge. Off woodt heiß diskuteet; üvver et Jeld, üvver de Politik, üvver de Kirch, üvver de Nohberschaff. Jeder aan der Thek hatt en ander Meinung dozo, un janz flöck woodt et och allt ens öntlich laut. Mänches Mol däten se sich aanbrölle, un off jenohch jingk einer vun dä Käls met huhrudem Kopp noh Huus. Am nöhkste Daach wor dat ävver all widder verjesse.

Aan däm Ovend hatten der Tünn un der Franz-Jupp sich öntlich en der Woll. Hin un herr flogen de wölle Wööt, se däten sich aanschreie wie ahl Maatwiewer, un langksam woodt et eng un sohch noh ner Schläjerei us. Die leet och nit lang op sich waade. Der Franz-Jupp sohch dem Tünn en de Auge un maat met der Hand e Zeiche, su vill wie: Komm, lo'mer ens vör de Döör jonn!

Dat hann se dann och jemaat, un vör der Döör jingk dat Verkamesöle loss. Fröher wor dat noch en Ihresaach, verkamesöle nor Mann jäje Mann. Ne räächte Jewenner kunnt mer nit erkenne, jeder jingk met nem blaue Auch, decke Backe un aanjeschwolle Leppe noh Huus. Der Franz-Jupp daach sich, domet wör jetz alles jeretz un fädich. Ävver su daach der Tünn nit. Hä wor met däm Erjebnis nit zefridde. Vill leever hädden hä sich als Siejer fiere loße. Ne Denkzeddel woll hä dem Franz-Jupp deshalv noch jevve, ävver eine, bei däm hä nit tireck esu opfalle wöödt.

Der Franz-Jupp fohr domols ne „VW-Käfer", singe Augestän, op dä hä stolz wie ne Päädsköttel wor. Jeder kannt dat Auto un woss, dat et zom Franz-Jupp jehoot. Ejal wo dä Käfer stundt, avjeschlosse wor dä nie, un jenau dat woss der Tünn, dat Schletzohr. E paar Däch noh dem Verkamesöle hatt hä nen Enfall, wie hä der Franz-Jupp jet ärjere künnt, ohne selvs opzefalle. Om Maat hatt hä ne fresche Herring jekauf, un met däm en der Täsch maat hä sich naaks op der Wäch nohm Auto vum Franz-Jupp. He dät hä die Verkleidung vun der Beifahrerdöör avschruve, dä Herring, enjeweckelt en en ahl Zeidung, dohingerklemme un donoh dat Dinge widder aanschruve.

Hatt ich allt verzallt, dat et Summer wor?

Die nöhkste Woche hatt der Franz-Jupp kein Zick mih, ovends en der Weetschaff eine ze nemme. Unungerbroche wor hä aan singem Auto am brassele, schruve, am us- un enbaue, weil hä nit woss, wo dä äkelije Jeroch, dä em et Odeme beim Fahre schwer maat, op eimol herrkom. Hä versook alles Müjjelije, ävver der Jrund för der „Döff" wor eifach nit zo finge. Mondelang hätt hä sich met singem stinkije Augestän erömjeschlage; op der Enfall, de Verkleidung en der Beifahrerdöör avzeschruve, ess hä en all der Zick nit jekumme. Der Tünn hätt dat janze Spill vun fäns metkräje un sich en et Füßje jelaach. E schlääch Jewesse hatt hä kei. Irjendwann hatt der Franz-Jupp dann de Schnauz voll un singe Stink-Käfer verkauf. Die janze Saach woodt verjesse.

Mer trof sich wigger en der Weetschaff op der Eck un su verjinken de Johre.

Widder wor et ne Ovend, villeich su zwanzich Johr späder, aan däm der Tünn un der Franz-Jupp aan der Thek stundten. Et woodt vun ahl Zigge verzallt un, do de Röggelcher allt öntlich wärm, woll der Tünn e bessje met sing Lotterbovereie vun fröher aanjevve: „Franz-Jupp, kanns do dich noch aan dinge ehschte „VW-Käfer" erennere, dä, dä su widderlich jestunken hät? Villeich häss do dat verjesse. Do wees et nit jläuve, dat wor ich. Dä widderlije, fuule, erbärmlije Jestank kom vun nem ahle Herring, dä ich deer domols hinger de Verkleidung vun der Beifahrerdöör jeschmuggelt hann. Wor dat nit löstich!"

Der Franz-Jupp lorten dem Tünn en de Auge un dann saat hä: „Nix ess verjesse. Komm, lo'mer noch ens vör de Döör jonn!"

Föhle ess kein Blamaasch

Et Susi, engks zwanzich, hät ne neue Kavalöres, der Tim. It hatt natörlich vörher allt dä ei odder andere Fisternöll jehatt, dä sich üvver e paar Johr jetrocke hät. Ävver der räächte Mann för et Levve wor nit dobei. Wie jesaat, bes jetz nit! Doch der neue Kavalöres brängk si Hätz aan et Tirvele. E paar Mol hann se sich allt jetroffe, üvver et Levve filosofeet, off de jliche Meinung zo Theme jehatt, die op et Tapet kome, un och söns, su dat Zwescheminschliche, pass un ess för allebeids e Jeschenk.

Dis Wochenengk hann se sich vörjenomme, ens ne janzen Daach zesamme zo verbränge. En Wanderung üvver der Rutwing-Wanderwääch ess jeplant met allem, wat su nevvebei aanjebodde weed.

Wie jeck freut sich et Susi op der Daach. Flöck alles parat jelaat, de Kuntaklinse en de Auge jeklemmp, fädich. No muss mer verklöre, dat dat Susi schääl wie ne Maulwurf ess un eijentlich en Brell drage muss, met Jläser, die bal su deck sin wie der Boddem vun ner Coca-Cola-Fläsch. Dat hät et natörlich dem Tim noch nit jesaat, wor jo bes jetz och nit nüdich un ußerdäm jitt et hückzedaachs Jottjedank jenohch Müjjelichkeite – wie evvens Kuntaklinse –, die keinem opfalle un dozo noch schön Auge maache. Stiefstaats steit et pünklich öm zehn Uhr parat, der Tim kütt met singem Föppföppche aanjejöck un dann av aan de Ahr zom Wandere.

Et weed ne wunderbare Daach. De Sonn schingk, der Wing schmeck... un schmeck... He un do halden se ens aan, dunn sich jet knutsche un bütze un waggele langksam zoröck nohm Auto. Allt öntlich de Röggelcher wärm stellen se allebeids fass, su künne mer nit mih op Heim aan fahre. Jo un eijentlich wör e schön Engk vum Daach doch, am nöhkste Morje zosamme waach zo wäde. De Stemmung jitt dat herr!

Wie durch e klei Wunder fingen se verhaftich noch e Doppelzemmer un dann av en de Fluhkess, die allt op die zwei, die sich jän hann, wadt. Vörher deit et Susi sich noch em Bad e bessje fein maache, deponeet die zwei Kuntaklinse met Wasser en je einem vun dä zwei Zantputzbecher, die do stonn (räächs un links muss mer trenne, söns ka'mer och met dä Dinger nit richtich lore) un krüff opjeräch unger et jemeinsame Plümo. Wat soll ich sage, et weed en doll Naach. Alles stemmp. Am nöhkste Morje steit et Susi zoehsch op, jeit en et Bad un liet nen Bröll: Die Zantputzjläser sin leddich. Keine Droppe Wasser mih dren un natörlich och kein Kuntaklinse. Vum Bröll waach jewoode lort der Tim jet verschlofe un aanjeschlage us der Wäsch un säht: „Leevje, wat hatt ich dis Naach för nen Brand. E Jlöck, dat Do die Zantputzjläser allt parat jestallt hatts!"

Aan däm Daach liet der Tim et Susi, jetz ihrlich blingk wie ne Maulwurf, nit mih vun der Hand un us de Auge. Nit nor, weil hä et su jän hät, nä eijentlich mih, domet et nit jäjen ne Pohl, jäjen en Pooz, jäjen e Auto läuf odder en de Sod fällt.

Avjeschreck hät dat ävver der Tim nit. Allt zick e paar Jöhrcher sin die zwei verhierot un hann och allt jet Kleines kräje. Öm dat ze fabrizeere bruch mer, selvs en der modän Zick, kein Kuntaklinse. Mer fingk sich, wie allt Adam un Eva, och wann et stechedüster ess.

Hervs...
dat ess su en Saach

Ne Koffer voll Erennerunge

Mänchmol do jitt et su nen Daach,
Dä met „Dress" wör ze beschrieve,
Aan däm mer fählt de Levvensfreud.
Wöödt et leevs nor lijje blieve.
Mich avzelenke, ess nit leich,
Do muss ich jetz der Nutplan nemme,
Et jitt ein Saach, die immer flupp,
Villeich deit die bei üch och stemme?

Ne Koffer voll Erennerunge
Dräump bei mer bovven op der Läuv.
Un wann de Däch nor dröv un kalt
Un irjendwie jar nix mih läuf,
Dann maachen ich dä Koffer op,
Lore, wat mer all jeblevve,
Denn jedes Deil, wat do verwahrt,
Ess e Deil vun mingem Levve.

Vum Papp dä ahle Siejelring,
Hatt allt jedaach, dä wör fottü,
Vum Opa en Jebootsdaachskaat,
Sing Schreff ze lese määt mer Möh,
Huusstandsböcher vun Verwandte,
Vum Urjroßvatter un der Tant,
Die, die dodren sin veriwich,
Die hann ich selver nit jekannt.

Voll met Rezepte, Huushaltstipps,
E klei Notizbohch vun der Mamm,
Bottermilchs Bunne, stiefe Ries.
Wä dat wal hück noch koche kann?
Wie mer streck e Ajourmuster,
Un Söck met Fäschte un ner Spetz.
Hann mich als Panz fröher jeschammp,
Sujet ze drage, keine Wetz.

Marie un Jupp, ne Ress vum Kreppche,
Wat mer de Jroß domols jeschenk.
Allt bröckelich der ahle Jips,
All dat bliev lijje bes zom Engk.
Vun Hand jesteck en Kaffedeck,
E Täschje fing en Jobeläng,
Dat hann ich selver jo jemaat.
Ich hatt wal doch kein linke Häng!

Vun mingem Jung et Erstlingswöbche,
Dat wieße Bötzje vun der Däuf.
De ehschte Schohn, klein Stivvelcher,
All dat jesammelt op der Läuv.
En Siggepapeer jot verpack,
Der Anzoch vun der Kumm'lijun.
Domols hät där dem Jung jepass,
Dat ess hück wie en Illusijun.

Uns Pänz sin schleeßlich alt jenohch.
Mer hann et enne off jesaat,
Ehre Wääch allein ze finge,
Mer hann dat domols och jemaat.

Ne Koffer voll Erennerunge
Jetz si'm e e r alt jenohch doför.
Mer darf sich och ens dren verliere,
Un mänchmol jeit koot op en Döör,
Dann ess ne Ring, en Kaat, e Bötzje
E klei Stöck Himmel op der Äd
Un jedes Laache, jede Tron,
Ess die Erennerung doch wäät.

Köch met vejaner Zokunf

Et Leni, knapp vör der Rent, hatt koot hingerenein sing Eldere bejrave müsse. Allebeids woren se alt un maläzich jewäse, un op eimol jingk et janz flöck der Birch erav. Nohdäm et Leni, de einzije Doochter, der Nohlass jerejelt un de Wonnung opjelüs hatt, blevv noch en öntlije Stang Nüsele üvverich, womet it ihrlich nit jerechent hatt.

Natörlich hatt im bei der janze Akzijun rund öm sing Eldere singe Mann, der Mattes, immer su vill hä kunnt, jeholfe, un no woodt jemeinsam üvverlaht, wat mer met däm unverhoffte Jeldsäje maache sollt. Op de Bank aanläje, doför woren se nit, et jov doch kaum Zinse.

Ne Ömbau em Reihehüüsje wor nit jeplant, ävver en neu Köch, die hatt et Leni sich allt lang jewünsch. Die ahl Köch, bal „antik", met dä fiese ohßeblotfärve Kachele aan de Wäng un däm kackbrunge Linolijumboddem künnt jot e neu Jeseech verdrage.

Et woodt nit mih lang üvverlaht un die neu Köch, jetz brohten se nit op e paar Euros ze loore, en Aanjreff jenomme. Noh langem Ussöke un Köchebesichtijunge bal em janze Erzbistum, hatten se dat jefunge, wat dem Leni singe Draum wor, en janz modäne helle Lackköch met vill Stohl, dobei der Ovve, de Spölmaschin, de Mikrowell, der Backovve met Jrill, der enjebaute Kaffeautomat, Leech bes en jede Eck, dat all om neuste technische Stand. Mer broht quasi nor der Ovve aanzehoste, de Spölmaschin aanzespreche, der Mikrowell jet vörzesinge, dann jingk alles wie vun Jeisterhand allein aan. Su en Köch wör sujar ne Jewenn för e janz fing Nobelrestorang, en där künnt mer de Nuvelle Cuisine koche un jeneeße.

Dat mer su jet Edles nit vör ohßeblotfärve Kachele un op kackbrunge Linolijum stelle kunnt, versteit sich vun selvs, alsu moot nit nor die ahl Köch erus, nä, och de Kachele moote vun de Wäng un dä widderlije Boddem fott. Donoh kom dann ehsch der Flieseläjer met dä neu usjesookte Plaate för Wäng un Boddem aan de Reih. För däm janze Dreck us de Föß ze jonn, woren et Leni un der Mattes för die Zick, su unjefähr sechs Woche wore för alles enjeplant, en en klein Feriewonnung de Eck eröm met de nüdichste Saache jetrocke.

Dat sich die janze Akzijun öm zwei Woche verzöjere dät, domet hatten se bal jerechent, doch irjendwann heeß et: morje kütt die neu Köch! Jo, un dann kom se och. Zwei Däch woodt die vun Faachlück opjestallt, aanjeschlosse, aanjedübbelt. Et jov kaum jet zo bemängele. He un do woodt noch jet nohjebessert, un dann kunnten et Leni un der Mattes widder noh Huus trecke un de Köch enrüme. E bessje steril, jet jewöhnungsbedörftich, sohch die neu Köch met däm blänkije Edelstohl us, su e janz klei bessje noh Spidol, janz ungem em Keller.....do, wo mer labendich freiwillich nit herrjeit.

För der neue Ovve met Induktzijunsplaate broht mer jetz noch neu Pött un Panne. Dat Dolle aan der Köch wor, dat, wa'mer sich janz noh vör en Schrankdöör ov e Schoss stellen dät, dat nor durch der Körperkuntak vun selvs opjingk. Och dat Vörrotsschaaf. Doll! Nor, do wor, wie allt fröher, nix dren!

Nit dat ehr denkt, ich wör fies, dat ben ich nit, ävver ich frogen mich, wat määt dat Leni eijentlich met su ner doll Köch? Ich kenne die zwei allt üvver zwanzich Johr un weiß, dat et Leni janz streng vejetarisch lääv, sich mem Koche mih wie ärch zoröckhält un domet nix, nä üvverhaup nix am Hot hät. Ehr kennt dat doch, Vejetarier kaufen de Woosch nit beim Metzjer, nä, em Jemöslade. Mer kann dat och su sinn: Vejetarier esse mingem Esse et Esse fott.

Der Mattes määt dat Kningslevve met däm janze Jrönzüch, weil hä nit jeden Daach Ärjer hann well, met deckem Hals met. Ävver wann et im ze bungk weed, wann et Leni widder ens röf, Schatz, kumm aan der Desch, et Esse verwelk söns, un weil hä Schless op e Stöck Fleisch hät, wat et Leni im dann met nem medizinisch fundeete Vördrach usredde well, hängk och allt ens der Huussäje scheif, un dann häut hä sich e öntlich Steak en de Pann, määt sich e paar Botterramme met deck Fleischwoosch drop un iss sich endlich widder ens satt.

Vör kootem hann ich jehoot, dat et Leni jetz nor noch vejan iss un koch. Jetz darf der Mattes sich jo noch nit ens mih „tierisch" opräje. Der ärme Kääl, secher stellt dä sich av un aan vör dat leddije Vörrotsschaaf, dräump vun der ahl Köch, däm ahle Ovve un fängk et Kriesche aan. Do woren wennichstens noch e paar Fettflecke drop, un wann hä de Nas aan de Avzochshaub jehalden hät, lohch mänchmol noch der Jeroch vun singem letzte Steak en der Luff. Et ess keine Truus för der Mattes, dat mer als Vejetarier ov Vejaner jesünder stirv. Ovschuns ich jläuve, selvs Vejetarier bießen nit jän ze fröh en et Jras!

Eimol „Gourmet"

Neulich wore mer jelade
En e janz fing Nobelstüffje,
Wo sich nor triff de Hottvolee,
Doch niemols e rösich Rüffje.

Am Enjang wor ehsch der Empfang,
Met Schampus pur odder jemisch.
He un do paar Wööt jewääßelt
Braht mer uns dann aan unse Desch.

Ärch edel wor der Posteling,
Blötewieß de Zerviette,
Et Selver strohlte fresch poleet.
Wor'n bedaach op Etikette.

Janz leis schlappten jetz de Kellner
Öm uns eröm un frohchten dann,
Wat för ne Wing uns wör jrad rääch,
Wieß odder rut künnte mer hann.

Flöck jemeinsam aanjestosse,
E bessje he un do jeschwadt.
Jlich woodt et Esse enjelügg.
Mem ehschte Jang stundt mer parat.

Dä kom schingks us der Poppeköch.
Selvs Pöppcher hätten donoh Schless,
Flönz em Strudel – en Erfahrung –
Dozo Jelee vum Jranny Smith.

Donevve, jot zo üvversinn,
Ne Futz Püree, mih Zänkerei.
E Jlöck, om Desch do stundt jet Brut,
Ein Schiev för jeder wor dobei.

Am jode Wing woodt nit jespart,
Riesling odder Jrauburjunder,
Wat mer nit iss, ka'mer drinke.
Jode Wing bewirk off Wunder.

Der Haupjang wor en Üvverraschung,
Jeschmorte Bäckelcher vum Ohs,
un dozo e Püreefützje,
Wat fing met Zellerei verkros.

Jemös, wat us der Johreszick,
Ein Bunn, fünf Ähze un donevve
Drei Schieve Murre, jot plazeet.
Dä Teller hatt si eije Levve.

Zweschendurch aan Wing jehalde
Woodt de Stemmung immer besser.
Jetz stundt der Nohdesch nor noch us,
Noch ens Hoffnung för die „Esser".

Variante, mer moot söke,
Aan „Roter Grütze" kom zom Engk,
Ei Löffelche, dat wor et dann –
Vörbei dat Fessmenü, drei Jäng.

Wat dä Köchebaas jezaubert
Wor ärch juxich, ka'mer sage.
Künnt mich secher draan jewenne,
Un ich woll och he nit klage,

Doch...

Mer sin nit zom „Gourmet" jebore,
Hatte noch Schless, doch keine Doosch.
Widder derheim maate mer uns
Botteramme, janz deck met Woosch.

Kölsche Aliens

Et Erika un der Hubät hann jrad Jolde Huhzick jefiert. Su wie die zwei ussinn, ka'mer dat kaum jläuve. It süht luuter us wie us nem Mode-Kiesblättche jehöpp, hä staats un schlank, wie vör fuffzich Johr, hät kei Jramm Fett ze vill am Liev. Sollt jetz einer jläuve, die zwei hätte met der Jesundheit kein Moläste, dat stemmp nit, ävver se loßen et sich nit aanmerke, wat se allt aan Ersatzdeil em Liev hann. Eijentlich hann se ehr Malätzichkeite bes hück met nem öntlije Püngel Humor aanjenomme un jedrage.

Letz hatte mer widder ens e Treffe. Zweimol em Johr jo'mer zesamme lecker müffele un dann verzällt mer natörlich och allt ens jet us dem Nihkässje.

Zick Johre schnorks der Hubät wie ne Stier. Et jitt Nächte, do meint mer, hä dät de janze Bäum en un öm Kölle eröm avsäje. Lang jenohch wor et Erika jedöldich, ävver fuffzich Johr, dat langk!

Dis Johr hatt et verhaftich de Nas voll, woll nit mih mem Plümo en et Jästezemmer ömtrecke un hät der Hubät en et Schloflabor jescheck. Wat dobei eruskom, wor nit esu jot, nit nor dat der Hubät schnorks, nä, hä hät och Ussetzer beim Odeme un dröm muss hä jetz naaks en Maske üvver de Nas met Sauerstoffzofohr aantrecke, domet alles besser weed.

Jewessehaff, wie der Hubät ess, hät hä dat usprobeet, op de Zäng jebesse, die hä sich ehsch vum Naakskommödche angele moot, un noh e paar Däch hatt hä sich aan dat Monsterdinge jewennt.

Et Erika nit. Wann it unverhoots naaks waach woodt, hät it sich ze Dud verschreck, wat sich för ne widderlije Alien us dem Weltall en sing Fluhkess jebiemp hatt. Wann de Enkelcher op Besök wore, jingken die beim Aanbleck vum Jroßvatter stifte. Ärch langksam hät sich et Erika dann doch met singem kostümeete Hätzblättche avjefunge.

Noh e paar Mond jingk et dann dem Hubät wie domols dem Erika: Jetz dät it schnorkse un de Bäum rund öm Kölle, enschleeßlich Künnigsfors, avsäje. Ävver fuffzich Johr woll der Hubät nit wade. De jliche Prozedor jingk widder loss: Schloflabor, ungersöke, et Hätz avhöre un...och et Erika muss jetz en Maske, die ävver üvver Nas u n Mungk jeit, met Sauerstoff-zofohr drage.

Et klapp och janz jot, et Odeme daachsüvver jeit besser, un die zwei spreche nit mih dodrüvver. Wat sin muss muss evvens sin.

Ich hatt doch jesaat, Humor hann die zwei. Neulich hät et Erika mer e Bild jezeich, e Selvi, wie die zwei ovends, nohdäm se sich met nem Jode-Naach-Bützje zoröckläje, ussinn.

Meer feel nor en zo sage: „Ehr zwei mööt janz ihrlich kein Angs mih vör Enbrecher hann. Wann die Üch su sinn, loßen die dat, wat se en de Häng hann, freiwellich falle."

September-Puute

Der nüngte Mond, dä heiß September.
Dat ka'mer lese em Kalender.
Hä brängk uns aan su mänchem Daach
Vill Sonn un vill Altwiever-Praach.

Die Färve, die uns jetz aanlache,
Künnt keine Möler besser maache.
Vun Jääl bes Brung, och allt ens Jold,
Su hät der Herrjott dat jewollt.

Voll Sonneblome janze Felder,
Jefärv et Laub allt en de Wälder,
Un Pattevüjjel huh em Wind
Uns zeije, dat der Hervs bejennt.

Veränderung ka'mer allt spöre.
De Ernte litt jot en de Schüre,
Un dä jeschmöckte Könerkranz
Jehööt zom Dorffess wie der Danz.

Der neue Wing päält allt em Jlas,
Om Stoppelfeld süht mer ne Has'
Un doch, trotz Sonnestrohle krüff
De Kälde huh un och jet Möff.

Ich ben e September-Weech.
Un jetz jeit mer och op e Leech,
Dat Papp un Mamm sich wore noh
Jrad zwesche Chressdaach un Neujohr.

Hamburger Deern

Die Döppers, et Mechthild un der Jünter, hann zwei erwaaße Pänz medden un Engks dressich. Dä Jung, der Manni, ess verhierodt, wonnt mettlerwiel wick vun Kölle em nöhere Usland, hät zwei Pänz un ess rundseröm met singem Levve zofridde. Do bruchen sich die Döppers keine Kopp mih för ze maache.

Ävver de Doochter litt enne noch jet schwer em Mage. De Doochter, et Jabi, hät allt e paar Probeläuf en Saache Ihemann finge hinger sich, die nit met Erfolch jekrönt wore, mih met Trone un immer widder irjendwo us-, en- ov ömtrecke. De Döppers hann alles met jedrage, ävver jetz, d. h. vör unjefähr zwei Johr , hät it ne nette Karressant jefunge, der Schäng-Schorsch, bei däm alles pass. Hä ess jroß, scharmant, jebildt, hä süht jot us un dräht et Jabi op Häng. Dat einzije Üvvel ess, hä arbeidt un wonnt en ner Jroßstadt, bovvenhuh em Norde, wo kei Minsch Kölsch sprich un mer noch nit ens e Fastelovendsleed singk.

Trotzdäm, mer kunnt et drihe wie mer woll, et jov nor ein Lüsung för die ärch verliebte Doochter: en der Norde ömtrecke. Un dat hät Jabi och mem Sän vun de Eldere jedonn, ess do zofridde un jlöcklich. Nä, nit janz jlöcklich, weil em doch de Eldere un dat kölsche Jeföhl fähle.

Su off wie et der Rentner-Kalender zoliet, fahren de Döppers de Doochter besöke, domet et Heimwih ehsch jar nit esu opkütt. Ußerdäm kummen se mem Schwijjersohn en spe ärch jot parat, un alles andere schingk och bei dä zwei ze fluppe. Nor, et Jabi hät der Mamm, dem Mechthild, ens en nem stelle Stündche verzallt, dat die nordische Schwijjermutter jet jewöhnungsbedörftich wör. It köm nit aan se draan un hätzlich, wie it dat vun derheim jewennt wör, wör dat Nordleech üvverhaup nit. Em Jäjendeil, eijentlich dät it immer e bessje friere, wann se zesamme wöre. Die Jnädije, elejant un kapriziös, wöödt jet huhpözich vun un üvver de Huhpözije schwade un sich off nen Däu aandunn, dat ävver all en Huhdütsch ohne Fähler. Nit leich för die kölsch je- un verwennte jung Frau.

Natörlich maaten de Döppers sich Jedanke, ävver schleeßlich hatt et Jabi sich der Schäng-Schorsch selver usjesök, un jetz moot et evvens bei der Schwijjermutter ens op de Zäng bieße.

Em Hervs kom dann en Enladung en der Norde, sich do för e Wochenengk ze treffe un dobei endlich de Schwijjermutter en spe ens kennezelihre.

Et Mechthild kom jet en Schwulität. Wann singe Jünter en Faht köm, wöödt der alles, ävver och wirklich alles verzälle, wat em su en der Senn köm, ohne Röcksich op fing Madamme ov elejante Schwijjermütter en spe, ävver dem Jabi zeleev woll et Mechthild op jede Fall ne jode Endrock hingerloße.

En nem ähnze Disköösch hät et Mechtild dann dem Jünter met Nohdrock aan et Hätz jelaat, sich üvver „brisante" ov aktuelle Theme nit uszeloße, för e Beispill nit üvver de Zokunf vun de Pänz, nit üvver Relijun, nit üvver Politik, nit üvver Flüchlinge, nit üvver Sport, nit üvver Jeld, nit üvver de Fijor, üvver Diäte, üvver Orlaub, üvver Schwijjereldere, üvver de Verdauung, üvver Maläzichkeite, üvver et Esse un, un.... Die Liss woodt lang.

Un... et woodt ne ärch stelle Hervsovend, dem Mechthild singe Jünter hält sich evvens aan Avsproche.

Do wör der Neres nie drop jekumme

Der Neres hatt allt zick Johre e Sparkässje en singer Stammweetschaff op der Eck. Die aanjesparte Jröschelcher woodtem im em vörrije Johr bei ner Adventsfier usjezahlt un hä wor vun de Söck, dat et su vill wor. Hä hatt wal der Üvverbleck üvver et Johr verlore un jetz wor dat wie e klei Jeschenk. Wat hä met dem Jeld maache woll, wor im bes dohin noch nit klor, ävver bei däm nette Sümmche künnt hä sich ne kleine Wunsch erfölle.

Hä wor jo bescheide jestrick, su doll woren sing Wünsch nit, ävver et jov evvens doch jet, wat hä sich jän kaufe wöödt: ne kleine Zemmerspringbrunne! Et leevs eine met „exotischer Beleuchtung" vun unge met e paar üvverenander jestivvelte Steincher, wo dann dat Wasser drüvver laufe un aan de Sigge erussprudele kunnt. Wie hückzedaachs üvverall, jov et Uswahl jenohch: Et jov Wasserwäng, et jov se us Schiefer, Keramik, us Edelstohl un Natorstein, us Tuffstein un us Holz. Allein die Name woren allt die Jröschelcher wäät: Wasserwand Aquäduct. Die us Schiefer hatten all asiatische Name: Tao, Buddha, Yang odder Jing, us Stohl die heeße Tower un Montreal un die Designerbrunne Pisa blau, Hawaii un Trentino.

Dat woren nor e paar, die der Neres en de engere Uswahl genommen hatt. Ävver noh e paar Streifzüch durch de Jeschäfte, hatt hä dann endlich dat jefunge, wovun hä jedräump hatt, un dat Luxusbrünnche woodt jekauf. Dat janze Plane un Ussöke hatt sich bes en der Hervs jetrocke. Ävver jetz hatt hä singe Draumbrunne.

Derheim woodt dat Prunkstöck vörsichtich usjepack, op die richtije Plaatz jestallt, met Wasser jeföllt, aanjeschlosse un dann leef et, et Wasser, de Lampe strohlten un et Sprudele noh alle Sigge fing aan. Wat wor der dat ne Jenoss un en Freud. Dat Leech hatt jet vun ner Täschelamp em Bösch un dat Wassersprudele hatt jet vun ner leis Drockspölung am Klosett. E Jeräusch, aan dat mer sich jewenne künnt. Hatt der Neres jedaach. Ävver nohdäm hä dat e paar Däch usjehalden hatt, jingk im dat iwije Plätschere, hä moot dovun vill ze off op et Hüüsje, ärch op der Senkel.

Alsu esu laut darf doch su ne döre Brunne, jekauf en nem Faachjeschäff, no wirklich nit sin. Dat janze Dinge widder jot verpack, hollten hä sich do Rot.

Der Verkäufer jov sich ihrlich Möh, dem Neres die janze Technik zo verklöre. Immer widder feel dat Woot „Sensore". Sensore he, Sensore do, mer künnt se och uswääßele.

Alsu woodten e paar usjewääßelt, wat e paar Woche doren dät, un dann hatt der Neres singe Wasserfall widder derheim.

Ävver trotz Uswääßele vun de Sensore, dat Sprudele wor furchbar, eifach nit ze üvverhöre un dät der Neres bei der Tagesschau, beim Tatort un bei de Formel Eins en der Äujelskess luuter störe. Wöödich woodt hä. Hä hatt sich doch dä Brunne nit jekauf, för dä unungerbroche uszemaache! Widder en dat Faachjeschäff. Der Verkäufer dät in allt per Handschlaach bejrößе un woss wat kom. E paar Mond jingk dat Spillche immer su hin un herr. Beim letzte Mol woss der Verkäufer nit, wat för Sensore mer noch verändere künnt. All woren se mettlerwiel usjetuusch, der Wasserfluss op janz niddrich enjestallt un et Sprudele wor su leis wie e klei Fützje. Natörlich jingk im der Neres langksam jet aan de Nerve.

Wat sollt hä däm jetz noch för ne Rot jevve?

Mänchmol hilf der Herrjott einem, dä et jot meint. Wie der Neres widder singe janze „Sermon" avjejovven hatt, dat hä der Brunne su nit loße künnt, kräch der Verkäufer die jöttliche Einjebung. „Wesst Ehr wat, doot doch eifach ens ‚Stilles Wasser' nemme!"

Zick där Zick woodt der Neres do nit mih jesinn.

Wat ne schöne Dud

Vers 1
Allt Johrzehnte ess der Franz
Stolz Metjlidd beim FC.
Kei Heimspill liet hä us,
De Südkurv si Zohuus.
Och wann kein Tore falle,
Der Franz bliev bei der Stang.
Doch hück, dat Spill, brängk en en Raasch,
Si Hätz määt nit mih lang.

Refrain:
Wat ne schöne Dud,
Hööt mer se all sage.
Su medden us dem Levve,
Hä darf sich nit beklage.
Su e Engk wör och mi Jlöck –
Doch leeven Herrjott, nit ze flöck!

Vers 2
Als Präsident em Fasteleer
Kennt jeder he der Schäng.
Sing Setzung, ne Jenoss,
Domet kennt hä sich us.
De Mariecher staats un stramm
Sin för der Schäng et Bess.
Doch hück, dä Danz, brängk en en Raasch,
Jitt singem Hätz der Ress.

Refrain:
Wat ne schöne Dud ....

Vers 3
Jeden Diensdaach halver sechs
Triff sich der Rentnerclub.
Bei Doppelkopp un Skat,
Weed he de Schnüss jeschwadt.
Der Manes, vun Nator ne Boor,
Jläuv immer, hä wör schlau.
Doch hück, dat Spill, brängk en en Raasch,
Et jitt em Blot ne Stau.

Refrain:
Wat ne schöne Dud ....

Bridge:
Doch do kütt ne Aanrof,
Der Manes kritt de Kurv!
E paar Blessore blieve,
Hä noch nit stirve dorf.

Refrain:
Dat wor keine schöne Dud,
Hööt mer se all sage.
Wodraan dat jeläjen hätt,
Mer mööt en jlatt verklage.
Jrad wore mer su schön en Troor –
Jetz ha'mern widder, unsen Boor.

Winterzick…
met allem Dröm un Draan

Et weed hellich

Hellich bliev hellich

Der Hellije Zinter Mätes wor janz secher ne jode Mann, ävver et schingk, dat hä mem Petrus nie för jot Wedder jeklüngelt hatt.

Der Zint-Mätes-Zoch met alle Kinderjade- un Schullpänz trick durch et Dörp, un et sief wie met Emmere. All die schön selvsjeknuvte Latäne sin en durchsichtije Möllbüggele erenjefrößelt, un de Pänz dragen decke Winterkledaasch vum vürrije Johr. Die setz allt ens jet spack, ävver se hält däm widderlije Rän länger Pol.

De Eldere dunn beim „Plastikzoch" helfe un jonn aan de Sigge met, natörlich met ener wichtije Bind am Ärm, op der en Appelsinefärv „Ordner" steit. Mer kann en ehr Jeseechter lese, dat die Freud, die se villeich dobei hann, do noch nit aanjekumme ess odder se die ärch jot ungerdröcke künne. Dat Wedder ess verhaftich en Biesterei, ävver de Puute trecke jot jesennt hinger'm Hellije Zinter Mätes herr.

Och ich jehöre zo dem jot jesennte Freiwellije-Schmölzje, un derwiel ich muzich vör mich herrschluffe, en jede Pol talpe un e paar I-Dötzje dovun avhalde muss, sich us Dollerei met dä schön jeknuvte, joldije Ijellatäncher de Köpp enzeschlage, trööt hinger mer die feuchte Bloskapell vum Nohberdörp e Leed, wat mer de Trone en de Auge driev. Nit vör Bejeisterung, nä, weil se su schön un laut falsch blose. Dodurch rötsch ming jetz allt ärch muzije Stemmung noch mih en der Keller. Op eimol klingk hinger mer met Schmackes e klockehell: „Der Hellije Zinter Määäääääät nix“. Noch jet Tex unsecher, hät ne kleine Poosch us der 1 b et sich nit nemme loße, sing Freud aan dem Ömzoch eruszesinge, un ich ben jlich besser drop.

Dat Leed vum hellije jroßhätzije Zaldat, immer widder, ejal en wat för Zoote, eifach schön. Un wann ich mer unse Dörp-Zint-Mätes op däm ahle Pääd belore, wie hä dobovve hin- un herrschöckelt, sing staatse Fijor en dat Kostüm erenjepaasch un sing Föß en die ahl Ledderstivvele jeschruv, kann ich däm Klein nor zostemme, hä ess un bliev „hellich“, ejal wie hä ussüht, hä weed zom Zinter Määt „nix“.

Ich fingen dat immer widder doll, wie Pänz met alle Nickelichkeite, die för uns Jroße offmols ne kleine Weldungerjang sin, ohne vill Jedöns ze maache, parat kumme.

Et Martinsföör om Feld en der Nöh vum Aldersheim ess dann de Hauptsaach vum Ömzoch. Öm dat FOöör metzoerlevve, hann die Aldefläjer die ahl Lückcher en de Rollstöhl, all met klein Latäncher en de Häng, bes noh draan jefahre. E klein Weech hät dat jesinn un wie ich metkrijje, dat et för sing Mamm säht: „Mama guck mal, die Toten sind mit ihren Laternen auch schon da!“, jeit för mich met nem Jriemele dat Fess zo Engk. Bliev die Frohch, wie kütt die Mamm jetz jescheck us där Dude-Nummer erus.

Adventskalender

Se sin jeföllt met Schukelad,
Unmenge stonn em Supermaat.
Un die Entscheidung, wä mer käuf,
Brängk mich en Raasch bovven em Häuv.

Met Smarties, Milka, Milkiway,
Ferrero Küssjer, och met Tee,
Dä biolojisch streng zorteet.
Hät dä allt einer ens probeet?

No jitt et die och met Make up
Un Seifestöckcher nit zo knapp,
Playmobil, un Schmuck en Döörcher,
Dozo met Lillifee-Fijörcher,

Met Engelcher un Micky Mouse,
Et jitt se och mem Nikolaus,
Met klein Verzällcher, flotte Spröch,
Rezeppcher för de kölsche Köch.

Star Wars un och Filly-Pädcher,
Barbie un Ken för de Mädcher,
Met Chressdaachsstäncher us Papeer
Et jiddere met Zoojedeer.

Holzaanhänger, Magnetplättcher,
Vun Fabiani och met Kettcher,
Swarovski hät se met Kristall.
Ich jläuv', die hann se nit mih all!

Och för Käls met Beer en Dose,
Jede Menge Rubbellose,
Un met nackelije Weechter,
He un do met rude Leechter.

Staatse Käls met Muckipäckcher,
Üvverraschunge en Säckcher.
För der Hungk met Woosch en Blösjer,
För de Katz klein Whiskas-Dösjer.

Och met klein Dömcher handjeschnetz,
Un jläuv't mer, dat ess keine Wetz,
Met Leckereie för et Kning.
All dat he, dat ess nit et ming.

Hätt noch ens jän, wie't domols wor,
Su ne Kalender wie als Panz,
Nor us Papeer met Jletzerstöpp,
Hann en de Auge noch dä Jlanz.

Eimol Ballerina, immer Ballerina

Et wor widder ens Mettwoch, dem Enkelche singe Daach. Vun Diensdaach op Mettwoch dorf et allt zick üvver einem Johr jede Woch bei de Jroßeldere schlofe. Et kom dann met singem Köfferche, vun der Mamm jepack met Naakspunjel un Kledaasch för der nöhkste Daach, un der Kinderjadetäsch aanjereis un woodt morjens vun einem vun de Jroßeldere en der Kinderjade jebraat. Dat wor och noh einem Johr immer noch jet Besonders för dat Klein, weil et bovven huh, wie et jän verzällen dät, em „Turmzimmer" bei der Jroß schlofe dorf. Dat „Turmzimmer" wor ne üvverjroße jemötlich möbeleete Raum ungerm Daach met decke Teppiche, nem riesije Polsterbett, klein Sesselcher un ner klein Äujelskess. Schräje Wäng un e janz doll Jivvelfinster, verhaftich huh bes en der Jivvel, maaten der Raum jenöhchlich un schön hell. Kei ander Kinderjadekind hatt Jroßeldere met „Turmzimmer".

Aan däm Mettwoch lohch om Jivvelfinster decke Schnei un üvver Naach hatt et öntlich jefrore. Der Wedderfrosch hatt Rääch. Et wor unger zehn Jrad minus un ne fiese Wind dät de Schneiflocke opwirbele. Jot jeföhstöck hatt dat Klein allt em Naakspunjel, jetz noch de Zäng putze, sich aantrecke un dann av nohm Kinderjade. Bes nüng Uhr moot et do sin, söns köm et nit mih eren.

Em Köfferche wor rein Ungerwäsch un fresche Kledaasch.

Mädcher hann jo, ejal wie klein se och sin, allt ne eije Jeschmack. Dat, wat em Köfferche wor, wor hück däm Klein nit müngchesmoß. Muzich dät et sich Ungerbötzje un Himbche aan, wöhlten en däm Köfferche eröm un hatt op eimol, wie e Wunder, e rusa dönn Balletttriko met Tütü un Ballerinaschlüffjer en de Häng. Die Saache hatt et stekum selvs en't Köfferche jedonn. Sing blau Äujelcher däte Strohle: „Oma, dat trecken ich jetz nohm Kinderjade aan!"

De Jroß kräch de Bejovung. Doch nit bei zehn Jrad Fross un deckem Schnei!

Dat Klein wor nit opzohalde. It, it wöödt n o r met Balletttriko, Tütü un Ballerinaschlüffjer ohne wärm Kledaasch nohm Kinderjade jonn, söns nit.

Met vill Jedold dät de Jroß däm Klein, wat söns all dat verstundt, wat et eijentlich nit verstonn soll, verklöre, dat mer bei däm Wedder decke Söck, decke Pullover, wärm Botze, en Winterjack un vör allem decke Winterstivvele aantrecke mööt, söns wöödt mer krank. Su schlau wör et doch, öm dat ze kapeere. Schleeßlich wör et doch allt jroß un künnt et Alphabet. „Bes hundert!" saat dat Klein met krabizije Auge, un do woss de Jroß, dat hück nix beim Enkelche aankom.

Pänz künne sich beim Aantrecke jo stief maache wie e Brett. Langksam ress der Jroß der Jedoldsfaddem. Nit nor, dat dat Klein wie op Kommando aanfingk sich de Siel us dem Liev ze brölle, de Tonleider erop un erav, de Luff aanheelt, rut aanleef un dann blau woodt. Nä, et dät dann unger dramatische Weinkrämp all dat, wat et vörherr met Kennwasser jejessen hatt, widder huh würje. Op Kölsch: et dät Strohle kotze. Beim Aantrecke vum Pullover met lang Maue un ner decke Streckstrumpbotz hatt se Sorch, se mööt dem Enkelche Ärm un Bein breche, för im die wärm Kledaasch aan der Liev ze krijje. Fründlich wor dat jetz nit mih.

Klätschnaaß jeschweiß stundten se schleeßlich allebeids fix un fädich om Dürpel em Schnei un dann kom, wat kumme moot, jetz moot dat Klein noch ens Pipi. Dä Rot vun der Jroß, flöck op et Jästeklosett ze jonn, wat tireck nevve der Huusdöör wor, woodt vum Enkelche, wat de Jroß nit met der Fott beloren dät, nit befolch. It, it jingk, ejal wie nüdich et wör, op keine Fall op et Jästeklosett. Schleeßlich dät et bei de Famillich jehöre, un för die köm nor et Badezemmer en Frohch. Met zesammejepaaschte Kneen hät et der Wääch bes do noch jrad jeschaff. Noh'm Klojang hät et sich flöck wie ne Bletz et Tütü üvver de decke Winterjack jetrocke – dat wor der Jroß mettlerwiel ejal –, ävver se kunnt dat Klein noch jrad dovun avhalde, de Ballerinaschlüffje üvver de Winterstivvele zo frößele. Die hann se dann em Täschje met en der Kinderjade jenomme.

Kütt die Frohch op: The winner is? Mer kann et esu odder esu sinn!

Ich bin ein „Drei-Könige"

Stolz kom der Enkel bei de Jroß,
Hä moot ehr jet verzälle.
Endlich, dis Johr hatt hä't jeschaff.
Hä fohlt sich wie ze Kölle!

Em Kreppespill, am Engk vum Johr,
Künnt sei dä Fetz belore,
Wie hä spillt als „Drei-Könige"
Die Hellije-Fijore.

De Mamm hatt Jold- un Selverstoff
Jekauf un met Pläseer
Dodrus jeniht e fing Jewand.
Däm Künningsstropp zo Ihr.

Un för der Kopp en edle Krun
Jefriemelt us nem Ress
Joldpapeer vum letzte Johr.
Dat lohch noch en ner Kess.

Alles woodt fädich för dä Daach,
De Mamm wor allt en Raasch:
Hück jingk et loss, dat Kreppespill.
Et kom de janz' Bajaasch.

Der „Drei-König" hatt Kadangks,
Der Tex falsch zo parleere.
Doch met der Jroß unger de Jäss,
Do kunnt em nix passeere.

Hinger der Britz, do wor jet mangs.
Ne Engel dät sich kloppe
Un et Maria rut för Wot,
dat wor jetz kaum ze stoppe.

En Avlenkung wör wal nit schlääch,
Et Bess wör jet ze esse.
Dröm jov et för die janze Pänz
En Häd Tillekatesse.

Fritte met Majo Rut un Wieß,
Kakau un söße Kinderpunsch,
Rievkoche, Ies un Waffele,
Frikadelle, die noh Wunsch.

Der „Drei-König" hatt och Schless,
Un jot, wie et sich trof,
Nohm hä sich vun däm doll Büffee
Der Reih noh wat et jov:

Fritte met Majo Rut un Wieß,
Kakau un söße Kinderpunsch,
Rievkoche, Ies un Waffele,
Frikadelle, die noh Wunsch.

Mem letze Besse en der Schnüss
Un volljestopptem Mage,
Moot hä op de Thiaterbühn,
Kunnt jrad der Tex noch sage,

Denn dem „Drei-König" woodt et fläu.
Dat hatt hä nit jekannt,
Dat vun de Fritte, Ies, Kakau,
Im woodt ärch plümerant.

Irjendwie hätt hä't jeschaff
De Bühn noch zo verloße.
Kalkwieß kom hä hinge de Britz,
Wo die klein Künsler soße.

Jrad wor et Kreppespill am Engk
Un der Applaus vörbei,
Do hoot mer op der Bühn nen Bröll
Un janz vill Schängerei.

Et Maria wor en Raasch
Un sprung bal us der Botz:
„Wä wor dat, dä janz unbemerk
Ming Krepp hät volljekotz?"

Ich well keine mih

Wa'mer su ne janze Daach ungerwächs ess, un dat och noch em Dezember, wo de Däch off jrau un koot sin, freut mer sich zweschendurch op e klei Püüsje un en jot Tass Kaffe.

Et Klusterstüffje bovven huh om Birch, wat mer e paar Lück aan et Hätz jelaat hann, hann ich flöck jefunge. Vun he us hät mer ne dolle Rundbleck üvver et Tal. Nohdäm ich en schöne Plaatz am Finster jefungen hann, jeneeßen ich ehsch ens der Usbleck. Hück ess he nit vill loss. Et ess zwor der ehschte Adventssonndaach, ävver schingks setzen de Lück aan däm kahle Winterdaach leever derheim bei der ehschte Kääz. Am Desch hinger mer setze sechs älder Madamme un en der Eck e jung Pärche. Dat ess et. Die Uswahl aan Koche ess bescheide, ävver för die, die der Wääch he erop jefunge hann, langk et.

Ich probeere der Kaffe un Kieskoche, resümeere minge letzte Optrett un fange vun dä Fraulück am Nevvendesch e paar Wootfetze op. Ihrlich, ich höre söns fremde Lück nit beim Verzälle zo, ävver wa'mer su allein setz!

Ming Horchlöffel strecken sich wie vun selvs noh hinger un höre: „Nä, ich well keine mih hann. Ich well nit mih op de Uhr lore müsse, wann ich op Besök ben. Ich ben fruh, dat derheim keiner mih op mich wadt un keiner mih Schless hät, däm ich, bevör ich der Mantel usjetrocken hann, jet ze esse maache muss, domet dä nit beleidich ess."

„Och, dat kann ich vun mingem esu nit sage. Dat, wat do sähs, stört mich noch nit. Minge ess jedoldich, ävver mer kennt dat jo, wann se alt sin, maachen se doch vill mih Arbeit un mih Dreck wie fröher. Üvverall litt jet eröm, Papeer, Fussele, Jrümmele, Hoore. Un, ich spreche do nit jän drüvver, minge, alsu minge kann et Wasser nit mih richtich halde. Dat ess mer mänchmol, wa'mer ungerwächs un enjelade sin, dann doch allt ens jet schineerlich."

Wat ich do, unjewollt ze höre krijje, määt mich ärch, ärch nohdenklich. „Alsu bei mingem stört mich, dat hä, wann ich us dem Huus ben, sich immer en ming Fluhkess läht, en ming Deck un mi Plümo kuschelt – wat hä söns nit darf – un mer et Koppkösse beseivert. Hä ess zwor ärch sauber, üvverall, doför sorjen ich, ävver ich kann dat op der Dud nit usstonn. Un wann ich dann met im schänge, ess hä der janze Ovend soor op mich un lort mich met der Fott nit aan."

„Alsu bei meer ess dat esu, mich, mich frogen de Lück immer, ov ich nit doch ne neue mööch. Dobei ess minge ehsch drei Mond dut.

Eijentlich mööch ich keine neue mih. Dä wör mer ze jung, do mööt ich mich vill ze vill för aanstrenge. Un dä wöödt mich secher üvverlevve. Nä, dat well ich däm nit aandunn. Ävver villeich jitt et eine en der Nohberschaff. Et künnt jo sin, dat se ne Ahle ze vill em Huus hann un dä jän en jode Häng avjevve. Nit dat ehr denkt, ich läjen et drop aan. Wann et nit klapp, blieven ich evvens allein."

Langksam weed et mer jet plümerant!

„Et wor dis Johr en hade Zick, bes ich mich durchjerunge hann, met mingem bei der Dockter ze jonn. Zick Johre hatt dä kahl Föß un stiefe Bein un hä dät, nit nor beim Esse, sabbere. Och alles andere hatt ärch nohjeloße. Ich sinn noch sing trorije Auge vör mer. Wie jän hädden hä sich noch ens op minge Schuuß jesatz un jet met mer jeschmus, ävver hä kunnt mer jo noch nit ens mih hingerherrlaufe. Un dann hann ich beschlosse, im der Dud ze jünne. Jo un jetz wolle mer ming Pänz, ehre Ahle, dä se selver allt fläje müsse, aandrihe, domet ich nit esu allein wör! Nit met meer!

Kann einer vun üch Decke bruche? Nohm Enschlöfere hann ich die fresch jewäsche un drusse op der Ling jedrüch. Dä ahle Möff ess erus, die sin widder wie neu. Lisbeth, do bess vun uns de Einzije, die noch eine zo versorje hät. Ich brängen der die Saache Engks der Woch vörbei. Lang deit et dinge secher och nit mih, alt jenohch ess hä jo. Dat langk dann, bes dä de Auge zomäät. Mer kennen et doch all, och der treuste Hungk muss ens stirve.

Et Chressbaums Jüppche

Vers 1
Immer pünklich vör de Chressdäch
Stonn ich allt üvver Johre
Em Veedel op derselve Plaatz,
Ne andre hät he nix verlore.
Verkaufe do ming Chressbäum,
Jede Baum e Unikat,
Jot jewaaße, fresch un edel,
Maachen die öntlich Staat.
Weil wie e Kind mer jede Baum,
Mi Motto: Och die kromme,
Hann bes zom Hell'je Ovend all
E neu Zohuus jefunge.

Refrain:
Ich ben et Chressbaums Jüppche,
Ich ben ne Mann vum Faach.
Hann jedes Johr för üch vill Bäum,
Vun klein bes unger't Daach.
Verkaufen ich och ens en Kröck:
Aan Hellichovend brängk die Jlöck!

Vers 2
Üvver't Johr dunn ich mich räste
En mingem Schreberjade.
Jeneeße Summer, Sonnesching.
Jet fuul ze sin deit doch nix schade.
Kütt der Hervs, dann fang' ich aan
Un spazeere durch der Bösch,
De schönste Chressbäum sin för mich
Allt noh Advent et rüch.
Dröm kutt mich doch ens besöke
Em Veedel op dem Plätzje,
Bei meer fingk jeder singe Baum.
Hann och för üch e Schätzje.

Refrain:
Ich ben et Chressbaums Jüppche ....

Ne wärme Disköösch

Jedes Johr en der Adventszick,
Wann de ehschte Kääze brenne,
Weed de Köch ne Bäckerlade.
Och ehr doot dat secher kenne.

Zucker, Mähl, Krokant un Eier,
Och Schukelad un Zitronat,
Haselnöss un Mandelsplitter,
All dat stellt sich de Mamm parat.

Dozo Rusinge, Marzepan,
Jot Botter ess en Ihresaach,
Dat all om Desch richtich plazeet,
Och aan jet Milch hät se jedaach.

Jetz jeit et loss mem Plätzjer backe,
Et weed jemeng un usjestoche.
Jedes Johr e paar neu Zoote,
De Kuvertür ess allt am koche.

Om Backblech weed e Stöckche Botter
Su verdeilt, dat nix bliev klevve.
Em Backovve, jot vörjewärmb,
Erwaach mänch Plätzje aan et Levve.

Mandelhöhncher, Zimetstän,
Die maachen he ehr eije Krösje.
Mem Spretzjebäck su Fott aan Fott
Verzäll'n se üch jet us dem Blösje:

„Och, wat ess dat he hück heiß",
Et Mandelhöhnche deit parleere.
„Zimetstän, häss do en Ahnung,
Wat, wa'mer fädich, deit passeere?"

„Ich jläuv', mer kumme bei de Jroß",
Erjrief der Zimetstän et Woot.
„Hoffentlich nit en en Kump,
En Plätzjesdos, die wör janz jot.

Söns si'mer drüch noh e paar Däch.
Ovschüns, ich maach die Enge nit,
Do litt mer dann met jeder Zoot
Zesamme, bes mer die kritt quitt.

Jrad Spretzjebäck kann ich nit ligge,
Dat ess su fett, deck, spillt sich op.
Wann dat dann ming Jlasor zerdröck,
Ess ming janze Schönheit fott.

Och nä, et ess mer vill zo wärm,
Doch lor, do ungen op däm Ross,
Dä Hunnichkoche määt mich aan,
Zeich däm jetz wat de Botter koss!

Met däm zesamme op nem Teller,
Dä dörf och ming Jlasor zerdröcke,
Bes dat aan meer wör nix mih janz.
He, Mandelhöhnche, dat deit jöcke."

„Nä, Zimetstän, ich ben am dämpe,
Ming Mandele sin hatt un brung,
Sollt ich esu beim Pattühm lande,
Zerjonn ich däm nit op der Zung.

Ich weiß, dä deit mich widder zoppe,
Un lötsche bes dat ich jot mangs.
Jedes Johr muss ich draan jläuve,
„Holt mich hier raus“, ich hann allt Angs.

Saach, ehr do hingen janz am Engk,
Wat sidd ehr dann för'n neu Zoot?
Wo hann se üch dann usjejrave?
Vun üch ha'mer noch nix jehoot?“

„Hööt bloß op, mer sin nit neu“,
Kütt die Antwoot leis vum Engk.
„Mer sin kein Zoot, nä, e Mallör,
Jeknuv vun kleine Puutehäng.

Ich wör ne Flejer, saat dä Klein,
Dä mich en janze Stund jepaasch.
Un nevve mer, dat wör en Barbie,
Platt wie en Flunder ohne Aasch.

Huch, et ess uns vill ze heiß he.
Mer sin allt schwatz su wie't em Keller.
Et klingelt, Jungs, jetz si'mer fädich.
Mer triff sich secher op nem Teller.“

Et weed immer hellijer

E klei rut Leech

En der Adventszick spät am Ovend
Domols, wie ich noch e Weech,
Sohch ich mänchmol, wann et düüster,
Em Trappehuus e klei rut Leech.

Woß nit, wä et aanjemaat,
Wä et jestallt hatt vör de Döör.
Woß nit, wat et sollt bedügge,
Sohch nor dat Flackere vum Föör.

De Mamm saat: „Kind, dat ess et Chresskind,
Un dat flüch allt ens öm der Block.
Lort, wie de Puute sich verdrage.
Dat kütt och en der drette Stock.

Et fingk bestemmp bes Hellijeovend
E paar Mol noch der Wääch zo deer.
Freu dich Kind un bess zofridde,
Denn wann et kütt, ess dat en Ehr."

Woß nit, wat ich maache sollt,
Voller Jeheimnis wor die Saach.
Woß nit, kütt dat Chresskind noch ens?
Villeich su jar hück en der Naach?

Johrelang hann ich jeziddert
Weil immer widder kom dat Leech.
Su woodt ich jroß un met der Zick
Kräch der Advent e neu Jeseech.

Letz hann ich met der Mamm jesproche,
Erennerunge woodte waach.
Hann se jefrohch, dat klei rut Leechje:
„Wie kom dat domols unger't Daach."

De Mamm dät jrimele un sage:
„Do wors e neujeerich Madämmche.
Hück kann ich et deer jo verrode,
Et wor e Allerhell'jelämpche."

Wie weed et Wedder?

Mer wesse jo all, dat Chressdaach nit nor he bei uns en Kölle, nä och op der janze Welt jefiert weed. Off anders, wie meer et kenne, ävver dat heiß jo nix. Fiere ess Fiere.

Su jroße Fierdäch wie Chressdaach un Neujohr sin för en janze Häd vun dä Junge met dä bungkte Feddere em Hoor Aanlass doför, och e paar ahl Rituale aan dä Däch widder ens oplevve ze loße. Et jitt dobei zwor kein Krepp un och keine Chressbaum ov Jeschenke, ävver de Famillich röck, jenauesu wie bei uns, zesamme, un lihrt, met dä ahl Bräuch noch besser ömzejonn. Dobei ess et Wedder janz wichtich, weil sich dat Fess mehschtens en der Nator avspillt un et sich bei Rän un Schnei nit esu jot fiere liet. Se danze un höppe un dunn de Trömmelcher jet kloppe, domet der Ränjott de Ernte nit versaut. Et ess dröm kei Wunder, dat der Stamm-Bövverschte, mer künnt sage der Baas, sich vun wäje dem Wedder beim „Medizinmann" jode Rot höllt.

Op sing Frohch „Wie weed aan Chressdaach et Wedder?", fängk der „Medizinmann" aan öm et Föör ze danze, sammelt e paar klein Steincher, jet Jröns, jet Holz, wirft dat en de Luff, späut en et Föör, wadt, bes dä janze Krom op der Äd opschleit, un säht janz ähnz: „Et weed e kalt Chressfess. Joht en der Bösch un sammelt Holz, Holz, suvill wie müjjelich!"

Am nöhkste Daach kumme widder e paar Indijaner vun ander Stämm un frogen och, wat et aan Chressdaach för Wedder jitt. Wie am Daach vörherr wirf dä „Medizinmann" Stein, Holz un Jröns en de Luff, späut en et Föör un säht: „Et weed e ärch kalt Chressfess. Joht en der Bösch un sammelt Holz, janz vill Holz."

Die janze Woch kummen us alle Himmelsreechtunge immer widder Indijaner vun ander Stämm aanjeschlapp vör nohm Chressdaachswedder ze froge. Un jedes Mol wirf der klapprije Ahl Stein, Holz un Jröns en de Luff, späut en et Föör un säht: „Et weed e fies kalt Chressfess. Nix vun wäje Jenöhchlichkeit. Joht öm Joddes Welle en der Bösch un sammelt Holz, suvill wie ehr all drage künnt."

Ävver su noh un noh krüff en im der Zwiefel huh, ov hä sing Junge nit zo verschreck jemaat hät. Hä röf beim Wedderamp aan, dat jitt et jo mettlerwiel üvverall op der Welt, un fröhch do noh, wie die dat Chressdaachswedder usjerechnet hann. Dä zoständije Biamte ess ehsch ens janz stell, raschelt met Papeer, wie wann hä jet söken dät, un jitt im zor Antwoot: „Et Chressfess weed ärch, ärch frostich, bal esu kalt wie en der Arktis, met janz vill Schnei. Die Indijaner sin jetz allt wie de Bekloppte Holz am sammele!"

En Spetz muss sin

Nohdäm der Mölermeister Könen et jode Zemmer vum Zilli, dat Wonnzemmer met dä huh Deck, dis Johr fresch renoveet hatt, freuten sich de janze Famillich op et Chressfess, un dat hatt ne Jrund. De Mamm, alsu et Zilli, hatt versproche, wann dat Zemmer em neue Jlanz un de Deck wieß jestreche, wöödt dis Johr op Chressdaach endlich ens ne zemmerhuhe Chressbaum jekauf, eine met der Spetz bes aan et Plafung. Dat hatt sich de Famillich allt zick Johre jewünsch.

Un su hatt et Zilli dat dann och jemaat. Zwei Daach vör Hellichovend woodt en Edeldann aanjelivvert, üvver drei Meter huh. Ne Draum! Nä, leider nit janz. Et Zilli hatt beim Ussöke üvversinn, dat die lang Spetz bläck wie en Männerplaat wor. Se stundt sibbenzich Zentimeter frei noh bovve, ohne dat och nor ei klitzeklei Äsje draan wor. Et Zilli sohch kein Müjjelichkeit, die Spetz irjendswie schön ze knuve. Ävver doför wor der Baum ungeneröm su deech wie der deefste Bösch.

Et Zilli wor enttäusch, ävver dis Johr mööt mer sich met der bläcke Spetz avfinge.

Morjens, am Hellije Ovend, et wor allt en aller Herrjottsfröh opjestande för noch e paar Enkäuf ze maache, kom et avjehetz noh zwei Stündcher heim, dät die jekaufte Leckereie en der Köch avstelle un jingk en et Wonnzemmer för met der Dekorazijun vumDannebaum aanzefange.

Beim Erenjonn schlohch em bal der Plaggen en. Do stundt singe schöne, huhe Chressbaum, die Edeldann, die öntlich Nüsele jekoss hatt, nit mih su, wie et dä Baum am Ovend verloße hatt. Sing Auge feelen em bal us dem Kopp. Em Wonnzemmer stundt nackelich, bläck, puddelrüh, ohne och nor eine Ass am janze Stamm dä Dannebaum. Jetz wor nit nor dat Stöck Spetz kahl.

Der Manes, der fuffzehnjöhrije Jung vum Zilli, hatt janze Arbeit jeleis. Im hatt der Baum, wie hä vörherr wor, üvverhaup nit jefalle. Dat wor nit mih ze üvversinn, ävver jetz jefeel dä dem Zilli nit. Et jov ne ähnze Disköösch zwesche dä zwei, et Täschejeld woodt för ein Woch jestreche un dovun ne neue Baum jekauf. Vill Uswahl hatten se op der letzte Stipp nit mih un et woodt, wie söns och, widder ens en Kröck.

Dat hingerherr widder alles jot wor, ess jo klor, un der Hellije Ovend wor jenau esu schön wie söns.

Doch noch jet, de janze Nohberschaff hatt aan dä Chressdäch zosätzlich beim Chressbaum en jeder jroße Blomevas noch ne Edeldannestruuß, jesponsert vum Zilli. Nit zo verjesse, de Jräver op Malote vun de Eldere un vun der Jroß, ne Dannedraum! Avjedeck met Zwijje vun däm klein jeschnedde Edeldannechressbaum, sohchen die bes wick en et Fröhjohr us wie decke jrön Koppkösse. Un su fresche Chressbaumkösse hatte op Malote en däm Johr kein ander Dude.

Mer kann evvens allem en jot Sick avjewenne.

Wesst ehr dann noch?

Wesst ehr dann noch, wie't fröher wor,
Wann Hellichovend kom eraan?
Allt Woche vörher woodt jehoff,
Villeich jitt et en leserbahn?
Dä Zeddel met de Chressdaachswünsch,
Woodt immer widder neu zorteet;
E paar Wünsch winn'jer odder mih.
Mer hann et eifach ens probeet.
Der Papp hät uns dann leis jesaat,
Jet Fridde wör et bess Jeschenk.
Doch n o r jet Fridde ungerm Baum
Wor schwer, weil mer uns off jezänk.
Et Wade woodt uns flöck ze lang.
Wie jän hätte mer ens jeschnäuv.
Wat hatt et Chresskind all ze dunn,
Et wor ens he, ens op der Läuv.
Mer hoot et krose aan der Döör,
Op eimol sohche mer e Leech.
De Mamm kom leis mem Klöckelche,
Ich sinn noch hück ehr leev Jeseech.
Mer hann jestaunt, wie schön et wor,
Un hann jespillt bes en e Naach.
Un drusse vör der Jadepooz
Jlänzten der Schnei en singer Praach.

All dat ess jetz Erennerung,
Doch et ess och e Stöckche Jlöck,
Denn...
Am Hellije Ovend dräum ich mich zoröck,
Am Hellije Ovend jeit mi Hätz janz koot op Jöck.

Ne Engel för et Zimmermanns Jüppche

Chressdaach ess, wa'mer ihrlich ess, am schönste, wann Puute met dobei sin. Un wann et dann noch klein Puute sin, die noch janz aandächtich aan et Chresskind jläuve, dann määt et Fiere dubbelt Freud.

Em Kinderjade weed dat Fess natörlich besproche, et weed för de Mamm un de Jroßeldere jet jebastelt un de Famillich aanjehalde, doch met dä klein Puute am Hellije Ovend en de Kirch ze jonn, för et Kreppespill ze lore. Dat wör de räächte Enstemmung.

Jo, un do ich noch kein Oma ben, ävver winnichstens Jroßtant, nemmen ich mer jän die Zick un maache mich aan Hellichovend op de Söck en de Kirch.

Wie künnt et anders sin, mer kenne dat all, aan su nem Daach ess de Kirch rappelvoll met Lück, die söns selde en de Kirch jonn. Ich packen mich do aan ming eije Nas.

Ming Neech, Mamm vun nem kleine Dööchterche, hät mer ne Plaatz freijehalde, un jrad, wie ich mich jesatz hann, fängk och allt dat Kreppespillche aan. Ming klein Jroßneech jehööt zwor nit bei de Aktöre, ävver dat Klein ess allt janz jespannt, wat jlich passeet un aap em Meddeljang e klei bessje Marie un Jupp noh, die vörre allt met schwer Schrett, deef jeböck, öm der Altar schluffe. He un do fangen ich e paar Wööt vun Lück op, die öm mich eröm setze: „Süht unse Schastin nit nett us nevven däm Schantallche vun Nettekovens. Nä, wat ess der Schmitze Patzekal jroß jewoode, un dä Änriko met däm Käwin! Allebeids kummen se op der Vatter wie usjekotz!" Komisch, Franz, Willi, Manfred ov Martin, su'n Name hööt mer jar nit mih.

Jetz säht der Pastor e paar wärm Wööt zor Bejrößung un deit der Chor aankündije met: „Und jetzt stimmt uns der Kinderchor mit einem besinnlichen Weihnachtslied auf den Heiligen Abend ein!" Die Pänz krijjen et hin beinöhks jlichziggich aanzefange un jenau beim ehschte jedrage

Ton fängk ne kleine Poosch et Brölle aan. Dat Aanjebott hät hä aanjenomme. Dat, wat die do vörre maache, dat kann hä och! Un dä Ein-Mann-Chor schaff et esu ze brölle, dat mer denk, hä wöödt avjestoche. Mer schingk, dä Jeschmack vun däm Klein hann se mem ehschte Leed nit janz jetroffe. Jekunnt misch hä de Famillich un et besinnliche Ömfeld jet op. Met rudem Kopp, jenau wie singe kleine Son, läuf der Vatter mem Kind aan mer vörbei noh drusse. För dä ess dat Kreppespill dis Johr jelaufe.

Nohm ehschte Leed kummen de Engelcher aanjefloge. Et kleinste Engelche, wat de Engelhauproll hät, villeich su drei Johr, met fusse krölle Locke, Spronzele, nem kleine runde Brell op der Stupsnas, erenjeschruv en e wieß Engelkostüm – Firma Deiters liet jröße – un nem Hellijesching, nem Drohtjestell, pielhuh, met fass installeetem runde wieße Fedderkränzje, „schreitet" en decke Winterstivvele langksam un bedaach der Meddeljang erop un erav.

„Dat ess et Schanina vun Müllers, un däm sing jroße Schwester, et Zementha, sing met em Chor", hören ich en mingem Rögge de Nohberschaff fispele. Uns Kölsche lijje Frembsproche verhaftich em Blot!!! Ich loren de janze Zick wie ne Flitschboge op dä waggelije Hellijesching un denke, unsem kölsche Herrjott wöödt dat Fastelovendsengelche jot jefalle. Un met däm Hin- un Herr-„Schreiten" ess der ehschte Deil vun däm Kreppespill och allt jelaufe.

Der zweite Deil fängk met der Herberchssökerei vum Marie un dem Zimmermanns Jüppche aan, em richtije Levve heißen die zwor Dschärimie un Ella-Zoe, ävver dat ess hück ejal. Alsu die zwei maachen sich op dä wigge Wääch noh Bethlehem, och widder, der Meddeljang erop un erav.

Dobei fällt unsem Klein op, dat dä Dschärimie-Jupp unger singem improviseete Ömhang, dat wor secher vörher ens en Jading vun der Jroß, e Paar neu bletzblänke Turnschohn Marke Nike dräht. Sing Frohch: „Hätt et domols op dem Wääch noh Bethlehem och allt Turnschohn jejovve?", beantwoot sich dat kleine Weech allt selvs un schleit sich leich jäjen de Steen, su vill wie: „Wie kann ich sujet froge? Ess doch klor. Schleeßlich säht de Mamm immer, dat mer för ne wigge Wääch et bess Sportschohn aandeit. Der Zimmermanns Jupp hät evvens aan alles jedaach."

Et Ella-Zoe-Marie un et Dschärimie-Jüppche hann hück allt e Mikrofon för die jroße Zwiesproch op dem Wääch noh Bethlehem, ävver nor ein, wat se sich, je nohdäm wä jrad draan ess, jäjesiggich us de Häng rieße, för dann en dat Dinge ze fispele. Ich verstonn nix, ävver ich kapeere, dat se all ehr Kraff noch för dä schwere Jang bes nohm Stall bruche.

E paar vun dä Deiters-Engelcher hann nix ze dunn un maachen sich stekum durch de Kod en Richtung Kanzel, neujeerich drop, wie dat vun bovven ussüht. Die waggelije Fedder-Hellijesching-Kränzjer hann se dobei nit bedaach, denn ejal wie klein se sich maache, die sin för et Publikum immer ze sinn. Beim aandächtije „Stille Nacht"-Singe lore nit nor ich immer wie e hypnotiseet Kning op die Waggelkränzjer op der Kanzel.

Unverhoots ess op eimol et Jesuskind jebore. Ohne ei Tönche vun sich ze jevve. Die „schmerzfreie" Jebort ha'mer verhaftich verpass. Esel un Ohs stonn parat un waggele jet met de Pappohre. Noch e Leed un dann ess die halv Stund vörbei, un der Uszoch vun de Kreppespiller durch der Meddeljang unger vill Beifall ess e bessje wie der Jang vun de Oscar-Priesdräger üvver der rude Teppich.

Un janz ihrlich, wä vun uns weiß, wat us su nem Engelche, nem Esel ov dem Jupp nit noch all wäde kann? Keiner! Als Schauspiller besser zo wäde, un dat wesse schulisch träneete Eldere, ess, bes et Abitor aansteit, op jede Fall noch müjjelich.

Un uns Oma sitz allt meddendren

Der Desch ess jedeck,
De Kääze sin aan,
Jlich si'mer met „Oh Du fröhliche" draan.
Un uns Oma sitz allt meddendren.

Der Chressbaum jet scheif,
Ärch schwach op der Bruss.
Der Papp käuf uns Bäumche immer zom Schluss.
Un uns Oma sitz allt meddendren.

Jedes Johr em Summer
Säht de Famillich schlau:
„Aan Chressdaach fahre mer ens fott,
Dann ha'mer endlich ens jet Rauh."

Doch wann he en Kölle
De Kälde huhkrüff,
Dann freue mer uns op Dannebaum-Döff.
Un uns Oma sitz allt meddendren.

Mer backe, koche, brode.
Et jitt kein Linsezupp.
Mer hoffe, dat, wie jedes Johr,
Et Fessmenü och widder flupp.

Dann setze mer all
Jenöhchlich am Desch,
De Mamm litt, wie immer, kapott en der Köch.
Haupsaach uns Oma, die sitz meddendren.

En Üvverschwemmung en Bethlehem

Hück am Hellije Ovend hann ich ens widder richtich Pläseer, der Chressbaum zo dekoreere. Spass hann ich dobei eijentlich jedes Johr, ävver mänchmol ess dat Baumopstelle allt nen adije Zorteer, un dat Kunswerk weed vör luuter Schängerei, weil widder nit alles esu flupp wie mer et sich wünsch, jet muzich jemaat.

Ävver, wie jesaat, hück nit. Meer hann ene neue Chressbaumständer met ener janz modäne Seilzochspannung. Dat Opstelle jeit esu flöck, dat mer noch nit ens mih ei Jläsje Schabau dobei drinke kann, un der Baum steit verhaftich noh e paar Minutte esu fass, als wör hä enzementeet en däm jröne Jossständer. Keine Knies un kein Schängerei, der Hellije Ovend fängk allt unjewöhnlich fröh aan, „hellich" ze wäde.

Janz vill Zick nemme ich mer för et Opstelle vun der Krepp met dä janze Fijore. Ne kleine Nohdeil hät dä neue Chressbaumständer, hä ess breider wie dä ahle, un de Krepp steit jet ärch wick em Zemmer. Do muss de Famillich jot oppasse un de Föß jet aanhevve. Hoffentlich fällt keiner üvver die Hüvvellandschaff us Kiselstein, Moos un Dannejrön en Bethlehem. Su, noch Wasser en der Ständer, domet der Baum och jet zo drinke hät. Dat Wasserloch ess ärch klein, mer muss et jeden Daach nohfölle, ävver mer wundert sich doch, dat en janze Blomejeeßkann voll Wasser en dat Döppe pass.

Et Lagerföör weed aanjemaat, der Stän vun Bethlehem leuch, un och der Chressbaum em neue Ständer strohlt em Fessdaachsstaat. Mer verlevve ne wunderbare Hellije Ovend.

Am ehschte Chressdaach künne mer uns Bäumche un uns Kreppche nit jeneeße, denn morjens nohm Fröhstöck jonn mer de Famillich besöke, doch vörher weed der Baum noch fresch jedränk. Dat Strüh em Stall rüch jet feuch un möffich. No jo, et janze Johr em Schohnskatong ohne fresche Luff, dä sore Döff ess secher en e paar Däch fott.

Der zweite Chressdaach hammer widder för uns. Hück maache mer et uns em Wonnzemmer janz jemötlich un dunn em Schlofaanzoch fröhstöcke. Der Desch weed jedeck, de Kääze am Baum un aan der Krepp wäden aanjemaat, der Chressbaumständer flöck noch nohjeföllt. Fädich.

Ich laufe morjens jän op Söck durch et Huus. Noh e paar Schrett öm der Chressbaum un de Krepp weed et mer op eimol ungeneröm jet feuch. Wat sagen ich: feuch? Ming Söck sin en e paar Sekunde klätschnaaß bes aan de Bündcher. Wasser? Wasser! Wasser em Wonnzemmer!

Wie vum Donner jetroffe blieven ich stonn. Dat kann doch nit wohr sin, der janze Stall steit unger Wasser. Mer hann en Üvverschwemmung en Bethlehem. Dem Marie steit et allt bes aan der Buch, de Heete jeit et bes aan de Kneen udder läuf en de Sandale. De Schöfjer künnen et suffe, un och de Künninge met dem huhbelade Kamel kämpfe sich durch de Welle. Dat Jesukind hät Jlöck jehatt. It litt noch jenöhchlich en der Krepp. Wie jot, dat domols beim Zoräächknuve die Bein vun der Krepp jet ärch lang jewoode sin!

Die Bröh hät sich op unsem Parkettboddem allt bes aan de Teppichränder vörjearbeidt, als hädden einer „Wasser marsch" jesaat! Vun wäje jemötlich fröhstöcke! Jetz muss ehsch ens die Orsaach jefunge wäde, un dat jeit flöck. Der Chressbaumständer bruch doch nit esu vill Wasser. Dat Nohschödde jeden Daach hätte mer uns schenke künne, vum Hellije Ovend aan muss dat Dinge üvverjelaufe sin, un mer hann et nit jemerk.

De Opräumakzijun nimmp ärch vill Zick en Aansproch. Zoehsch müssen ens die Kreppefijore drüchjelaat wäde. Der Melchior ess för en koote Zick allt en de Flute versoffe, ävver wie durch e Wunder künne mer en met Föhne un Avdrüjje widder aan et Levve krijje. Och ene kleine Heet hatt bal de Jick jeschlage. Doch noh e paar Mol blose un rubbele, wobei hä leider jet Färv verleet, ess dä och widder en der Wehr. All die ander Fijore, die bloß naaße Föß ov Kneen hann, kummen ohne Schnuppe us der messlije Zituazijun erus. Jet Sorch määt mer et Maria, hoffentlich kritt et keine Rießmatismes en de Kneen, söns mööt et domet et janze nöhkste Johr en der Kess lijje.

Dat fuule Strüh kütt en de Tonn, un janz vörsichtich wäden die Fijore all op ene Sessel usquarteet un met nem Kösse avjedeck, Feber künne mer nit jebruche, suvill Wadeweckele künnt ich jar nit maache. Och dat Kamel weed unger dat Kösse jestopp. Ohne sing Künninge föhlt et sich verloße. Met Opnemmere un Köchedöcher versöhke mer de Üvverschwemmung en Bethlehem en der Jreff ze krijje. Jetz määt sich et Kraffträning vun mingem Mann en der Mucki-Bud bezahlt. Wie Klein-Herkules hält hä met usjestrecktem Ärm dä Chressbaum zwesche Deck un Boddem fass. Singe Bi- un Trizepse flutsche hin un herr. Mer hann Jlöck jehatt, noch hivv sich et Parkett nit. Die Decke, die drop lohche, kumme för zo drüje en der Keller. Alles weed neu avjedeck, de Teppiche met Köchedöcher ungerlaht, domet dat Naaße nit op der Boddem kütt, un noh ener Zick de Krepp widder opjestallt. Jetz süht et all wie neu un maneerlich us.

Minge Mann ess jeschaff. Dat all am fröhe Morje op der Nööchter, dat hät Kraff un Nerve verbruch. Hä liet sich för e Püsje en der Sessel falle. Dat Knacke unger singer Fott weed för uns zom Donnerhall. Hä hät sich op die Kreppefijore jesatz.

Un jetz kütt wirklich dat Wunder vun Bethlehem: Fijore, die en Üvverschwemmung üvverstonn, die halden och dat Jeweech vun enem jestande Kääl us. Bes op dat Kamel, dat hät der Hals jebroche. Dat ärm Deer, letz Johr hatt et allt e paar janz kumplizeete Beinbröch, un jetz der Hals!

Mer hoffe, dat mer et noch ens repareet krijje, der ahle Jips ess allt ärch bröckelich, söns muss et en Rent jonn, och wann et uns leid deit.

Mer sin fruh, dat mer met dem Huhwasser su jot parat kumme un der Stall jerett ess. Et Marie un der Jupp künne widder laache. Müssen de Künninge evvens ehr Jeschenke selver drage, dat Kamel muss morje ehsch ens en der OP. Un Wasser kritt der Baum bes Dreikünninge, wann üvverhaup noch, nor us dem Milchkännche.

Zelt em Sack

Je älder meer als Jroßeldere un je älder uns Enkel wäde, öm esu mih määt mer sich vör de Chressdäch Jedanke: Wat schenke mer bloß dis Johr, schleeßlich ess dä Klein us de Kinderschohn erusjewaaße? Hück ess et off technische Krom, dä bei de Pänz om Wunschzeddel steit, bei dem unse Versteistemich allt lang nit mih methalde kann. Mehschtens jeit et öm e neu Smartfon för e paar Hundert Euros odder allt widder ens en neu Spillkonsol för de neuste „Games" – wie ne Huhpötzije säht –, en denne mer sich nor kapottschüss un massakreet.

Sujet hann de Jroßeldere, et Hanni un der Adi, op keine Fall om Zeddel. Et mööt doch noch jet anders jevve. Wat ehre Enkel, der Jan, dä „ jroße" Klein, immer noch besonders jän määt, ess, met inne zesamme em Wonnmobil en Orlaub fahre. Nor, die Schlofkess üvver dem Föhrerhuus ess mettlerwiel allt jet spack för die lang Latz. Un do fällt dä zwei jet en. Jetz, wo der Jung allt bal flügge ess, künnt mer im doch e Zelt schenke, quasi si eije Huus, wann hä met inne op Jöck wör. En däm Zelt künnt hä su lang schlofe, wie hä well, un och dat Oprüme un Zorteere wör janz allein sing Saach. All dat andere künnten se, wie söns, zesamme maache.

Dat wor ne jode Enfall un av jetz jingken de Jroßeldere aan et Ussöke. Doch et jov eifach vill ze vill aan Zoote, vum Einmannzelt üvver e Huuszelt bes Wonnzelt, vum Treckingzelt bes Allwedderzelt, un dat all tropejetess un schneifass. Et jov die Dinger dann noch als Tunnel-, Kuppel,- Iglu-, First-, Strandmuschel- off Biwakzelt, dozo noch en Tipi-, Jurten- off Beduinenzeltform. Wat sollten se bloß kaufe?

Woför hätt mer eijentlich et Internet? Jenau, för sich zo informeere un jet schlauer ze maache. Ävver do jov et noch mih aan Uswahl. Jetz wossten se jar nit mih wigger, doch der Jung sollt sich op jede Fall am Hellije Ovend üvver si eije Zelt freue.

Vör Johre hatt och der äldere Broder e Zelt kräje. Jot, dat ehschte Opstelle zor Prob wor för dä ärme Jung ne Fählschlaach. All die, die öm dä

Jung erömstundte, wossten et vill besser wie hä. Der ein saat „Hü", der andre saat „Hot", un dat jrad opjebaute Zelt fehl allt widder ens en sich zesamme. Irjendwann komen sujar e paar Tröncher bei däm jroße Enkel. Su ne Zorteer wollten de Jroßeldere dem Jan op keine Fall aandunn. Et mööt doch noch jet andres jevve, wat de Nerve nit su strapazeere wöödt. Jitt et nit e Zelt, wat sich vun selvs opbaut? Die zwei Ahle hatten dat ens irjendwo en nem Kiesblättche jelese. Dat jov et alsu verhaftich. Et Internet maat et inne leich, och dat eruszefinge. Jetz wossten se endlich, wonoh se söke moote: noh nem „Wurfzelt". Dä Name allein wor allt Musik en de Ohre. Dat Besondere vun däm Zelt wor esu beschrevve: „Es lässt sich wunderbar schnell aufbauen, man spart damit den stundenlangen Zeltaufbau, und sich selbst erspart man viele graue Haare. Es eignet sich ideal für Camping-Einsteiger, es ist handlich, wenn man auf der Reise öfter den Standort wechselt, und man kann es als Spielzelt benutzen."

Dä, dat wor doch jenau dat Räächte för der Jung, un flöck hatten se ei jefunge, wat en Aachen vun nem Privatmann verkauf woodt. Nix wie en de Kaiserstadt. Se woren ihrlich üvverrasch, dat Zelt wor nagelneu, noch nit usjepack. Jän hädden de Jroßeldere dat Zelt ens hinjeworfe jesinn, vun wäje däm flöcke Opbau, ävver der Verkäufer wor, trotz jodem Zospruch nit dozo zo bewäje. Schleeßlich wor dat unjebruchte Dinge noch orijinal verpack un su sollt et blieve. Alsu woodt dat Zelt em Sack jekauf.

Weil die zwei ävver noch dat Thiater vum messjlöckte Opbau vum jroße Broder met vill Schängerei, Bröllerei un Trone vör Wot en de Knoche hatte, wollten se winnichstens eimol dat Dinge derheim usprobeere. Nix wie usjepack un hinjeworfe. Wat wor der dat för en Praach! Dat Zelt sprung wie e Döppche huh un dät sich verhaftich janz allein em Wonnzemmer entfalde un opbaue! Wat för e doll Jeschenk! Domet künnt nix, jar nix mih scheif jonn.

Mer soll sich nit ze fröh freue... Bes Chressdaach moot dat jetz natörlich widder em Zeltsack verpack wäde. En einzije Katastroph. Die zwei hann alles versök: trecke, däue, tredde, falde, dozo schänge un bedde. Dat opjebaute Zelt heelt alles us un blevv stief stonn. Die Fiberjlasstange, die sich esu flexibel hin- un herrbewäje künne un dodurch dat Schmieße ehsch müjjelich maache, hann en janz besondre Falttechnik, die kein Sau kannt un kunnt. Noh e paar Stund hann die zwei opjejovve, hann dat Zelt jrov verpack un dreiveedel opjebaut met janz vill Kläävband ömweckelt op de Läuv jedrage. Ävver esu kunnten se dat däm Jung aan Chressdaach nit schenke. En der janze Nohberschaff hann se erömjefrohch, ov villeich einer vun dä dolle Heimwerker helfe künnt, dat Dinge widder op Mini ze packe. Keiner vun dä janze Helde, die söns de Schnüss immer vörrenop hann, hät sich jetraut.

Aan Chressdaach hann se dann dat dörftich verpackte bal janz opjebaute Zelt verschenk un met Hölp, widder us dem Internet, zesamme mem Enkel am Hellije Ovend et ehschte Mol richtich zesammejelaat. Donoh kunnt der Jung endlich si Jeschenk ens selver werfe. Jot, dat dat e bessje noh vörm Chressbaum jelandt wor, dä aan et Waggele kom un e paar Kugele durch de Jäjend tirvelten, hät die Freud am Jeschenk nit kleiner jemaat. Ävver de Famillich hät ens koot der Odem aanjehalde, wie die fedderleichte Fiberjlasstäb knapp der Nippes vun der Jroß un de Ervstöcke vun der Tant, dör Kristalljläser un et jode Kaffeposteling verfählt hann.

Op jede Fall wossten de Jroßeldere jetz och, woröm der Verkäufer sich met Häng un Föß jäjen ne Probewurf jewehrt hatt. Un ihrlich, e bessje kunnten se dä verstonn.

Nä, wat wor dat hellich

Ävver nöhks Johr nit mih

Eijentlich, jo eijentlich hädden et Leni sich dis Johr richtich op de Fierdäch freue künne. It wor nämlich met der Beköstijung vun der janze Famillich jar nit draan. Zick e paar Jöhrcher hatten se – se, dat woren de Dööchter un de Schwijjerdoochter – en Avsproch, jedes Johr bei nem andere der ehschte Fierdaach met der janze Sippschaff ze fiere, ejal wie jroß de Famillich wor ov wöödt.

Zwei Johr hatt dat och all jot jeflupp. Ävver vör drei Johr komen allt de Entscholdijunge vun der Doochter, die eijentlich aan der Reih jewäse wör: „Mer müsse bes op der letzten Dröcker arbeide. Hann kaum Zick för et Nüdichste enzekaufe. Ußerdäm nit jenohch Plaatz för üch all." Un su jingk et wigger. Doch bevör et Famillijefess janz usfallen dät, hatt et Leni sich widder ens plattschlage loße un dä janze Wöhl för zwölf Mann, ov woren et allt widder mih, üvvernomme. Donoh hatt et sich em Stelle jedaach, dat wor jetz ihrlich et letzte Mol för de nöhkste Johre. Demnöhks künnten se et all ens.

Doch, wie sollt et och anders kumme, em nöhkste Johr et jliche Spill. Natörlich met ander Entscholdijunge. Dis Mol vun der ander Doochter: „Mer hann kein Spölmaschin mih. Ich hann nit su jroße Kochpött wie do. Mer müsse morjens noch en de Kirch." Un... et Leni sprung widder en. Ävver dis Johr, dis Johr woll et endlich ens hatt blieve.

No muss mer sage, dat et Leni ne Jemötsminsch ess, de Famillich bei im janz huh aan ehschter Stell steit un et eifach nit, ov fass nit „Nä" sage kann.

De Schwitt hatt sich em Lauf vum Johr öm ne kleine Poosch verjrößert un de Schwijjerdoochter, die eijentlich dis Johr aan der Reih jewäse wör, hatt nit Häng jenohch för dä Klein, un allt ens jar kein Häng för de Famillich zo bekoche.

Muss ich et üvverhaup noch einem verklöre? Et Leni sprung widder en. Öm sich selvs die Arbeit jet leichter ze maache, hatt et nen Enfall. Wann et allt för se all sorje, die janze Arbeit hatt un och noch alles bezahle mööt, dann woll et dis Johr alles janz besonders schön maache, dann künnt et jo och ens si wäätvoll Meissner Posteling un de Krestalljläser vun der Jroß benötze. De Pänz hatte bes hück zwor immer jesaat: „Nemm nit dat döre Posteling. Nit dat einer vun de Enkelcher jet kapott määt." Nä, dodrop wöödt et Leni kein Röcksich mih nemme. Mööten de Pänz oppasse un sich benemme. Dis Johr wöödt et die jroße Tafel esu endecke, wie et dat för fesslich heelt. Dat wöödt it sich selvs zor Freud schenke.

Un esu hät et dat dann och am ehschte Fierdaach jemaat. Dä jroße zwei Mol usjetrocke Essdesch sohch us wie us der Zeidung „Schöner Wohnen" jehöpp. Üvver dat üvverlange wieße Tafeldohch hatt et en der Medde e verzeet jolde Deschband jelaat, dat jode wieße Posteling mem decke Joldrand verdeilt, dozo edel Selverbesteck us dem Erve vun der Schwijjermo zorteet, aach Krestallkääzeständer arrangscheet, Besteckbänckcher, un als Krönung de Römer vun der Jroß jenomme. De Zerviette en Jold kunsvoll drapeet un üvverall noch klein jolde Engelcher üvver der Desch verstraut. Die „Sinfonie en Jold-Wieß" wor fädich. Esu, jenau esu hatt et Leni sich singe Fierdaachsdesch vörjestallt.

No kom et Esse draan. En de letzte Johr hatt et allt all sing besonder Rezepte usprobeet. Ävver ne Rinderbrode, wie sing Mamm fröher jemaat hatt, wor lang nit mih aan Chressdaach op der Desch jekumme. Alsu hatt et Rinderbrode jemaat, un dä stundt, allt zesamme met der Zaus om Desch. Un, för dat Bild om Desch noch schöner ze maache, hatt et, wie en nem vörnähme Restorang, en Jemösplaat dozo dekoreet. Op der jroße ahl, fresch poleete Selverplaat lohch jenau en der Medde ne wunderbare Blomekühl met brung Botterflöckcher üvvertrocke. Donevve op einer Sick ne Hüvvel fresche Sparjes, op der ander Sick Schämpingjons, wie jemolt, zorteet, dann e paar Rüsjer Brokkoli, jeraspelte Murre, en Fenchelknoll un jet Staudezellerei. Die Plaat sohch us wie e Stelllevve vun Brueghel. Stolz wie ne Päädsköttel balanceeten et Leni die Plaat en et Wonnzemmer bes koot vör dä fesslich jedeckte Desch, domet se och all dat Praachstöck bestaune kunnte.

Wie allt evvens jesaat, et Leni hatt nit aan jot Botter jespart! Leider! Wie vun Jeisterhand (nä, durch de Botter) kom op eimol Levve en der Blomekühl, dat janze Jemösarrangschemang fing et Rötsche aan, et Leni kunnt die schwer Plaat nit mih halde un dann sohch mer se nor noch fleje, de Schämpingjons, de Murre, jefolch vun de Brokkolirüsjer, der Fenchelknoll un dem Staudezellerei. Die dönn Sparjesstange krähten noch zosätzlich nen Schasewitt vum Blomekühl, dä dann met nem satte Plopp en die schön Krestallleuchter feel, die wie Dominostein ömkippe däte, die en der Nöh plazeete Römer noch koot metnohme, för dann dä heiße Waaß, schleeßlich woren die Kääze jo all aan, wie gold-wieße Spronzele üvver et Deschengk un üvver de Enkelcher, die do soße, zo verdeile.

Dat jingk all esu flöck, dat die Pänz, die jetz met Waaßspronzele em Jeseech üvversiet, zo verbasert wore, för üvverhaup ze brölle. Brölle däten doför all die andere.

Noh dem ehschte Schreck woodt met der jroße Opräumakzijun aanjefange. Vun däm schön jedeckte Desch wor nit mih vill üvvrich jeblevve. En dem janze Jemöshaufe kunnt mer noch he un do e jolde Deko-Engelche vörwetzich us nem Brokkolirüsje blänke sinn. Nutdörftich woodt alles zesammejekratz, de Jlasschirve fottjerümp un met dem ahle Posteling us der Köch der Desch neu enjedeck. En der Zweschezick hatte sich de Pänz die hade Waaßspronzele us de Jeseechter jepiddelt, die rut Stelle met Penatekräm versorch un donoh woodt dat, wat vum Fessmenü üvvrich wor, jejesse.

Op dä Schreck mööt mer eijentlich ens eine drinke, daach sich et Leni. Et hatt noch för besonders schön Aanläss e paar dör Fläsche Schampus em Jeheimfaach. Off dat jrad ne besonders schöne Aanlass wor, dodrüvver künnt mer strigge, ävver för e Jläsje Schampus wor jetz för et Leni jenau die räächte Zick.

Flöck de Jläser enjeschott. Met einer Fläsch kom mer bei där Sippschaff nit wick. Alsu kom us dem Jeheimfaach noch die ein ov ander Fläsch dozo un et woodt ne löstije ehschte Fierdaachsnommedaach. Der Schwijjerdoochter dät et besonders jot schmecke. Wor doch der Kelch „Famillijedaach", dä eijentlich bei ehr ze Huus jewäse wör, aan ehr elansjejange. Un et wor ohne eije Arbeit richtich jenöhchlich jewoode. Su jefällt e Famillijefess. Noch ei Jläsje wor deshalv nit schlääch. Allt e bessje unsecher op de Bein, weil de Röggelcher allt öntlich wärm, maat se nen „Ausfallschritt" noh hinger för aan die letzte Schampusfläsch ze kumme. Hatt dobei ävver nit mih bedaach, dat et Möbelemang vun wäje däm jroße usjetrocke Essdesch jet anders wie söns jestivvelt wor, kom met däm „Ausfallschritt" noh hinger en et Struddele un Frau Schwijjerdoochter feel met jeballte Körperkraff (se hät en janze Häd dovun) met der Fott op der Jlasdesch, dä do stundt. Donoh stundt dä nit mih. De Jlasplaat wor en der Medde durchjebroche un de Schwijjerdoochter lohch, verbasert, wie e neujebore Weckelditzje, meddendren, ävver dat Jlas Schampus hatt se jerett.

Ich weiß nit, wie et üch noh su nem Fierdaach wör. Ich weiß nor, dat et Leni dis Johr aan Chressdaach en Orlaub fährt. Nit wick, et hät ävver allt jeboch. Bes Prüm langk et im un he en där klein Pensijun jitt et, Jottjedank, alles, nor kein jroße Kochpött. Wie heiß et su schön: Et ess dann ens „weg.de"!

E möd Engelche

E Engelche ess möd un matt.
Hät singe Engel-Service satt.
Hät och kein Freud am Fleje mih,
Im dunn allt beidse Flöjel wih.
It mööch nor noch noh all dem Jöcke
Sich op et Kanapee verdröcke.

Sing Föß sin schwer wie e Stöck Blei.
Nä, Jottjedank, et ess vörbei.
Sing Nerve lijje öntlich blank.
Et bruch jetz Rauh, söns weed et krank.
Der Rögge kann et kaum noch spöre.
Dat mööten ens die Puute höre!

Su eifach ess hä nit, dä „Job".
Als Engel bruch mer och der Kopp,
Un schleppe muss mer schwer un vill,
Wie allt jesaat: kei Kinderspill!
Et weed ze vill hück üvverdrevve,
Wat Engel müsse wiggerjevve.

Jetz hät dat Engelche ens Puus,
Sitz wärm en singem Wolkehuus.
Do ess et jetz kommod un stell,
Jenau wie it et bruch un well.
Domet it widder, wie zick Johre,
För't nöhkste Chressfess sich kann ploge.

Wat wör, wann...

Mer määt sich jo wochelang vör de Chressdäch allt beklopp domet, wat mer wäm schenk! Am ehschte Chressdaach määt mer sich Sorje, wie krijjen ich die janze Bajaasch satt un dunn se sich och all verdrage? Am zweite Fierdaach kritt mer Koppping weil mer denk, bal kütt et neue Johr. Wat brängk et uns dis Mol? Jo un dann, dann kummen allt die Hellije Drei Künninge am sechste Janewar aanjeschlapp, un et neue Johr ess ratzfatz och allt widder e paar Däch alt. Su flöck läuf de Zick.

Un do kummen ich aan et Simeleere. Wat hädden sich en unsem Levve, em Kölner Levve, verändert, wann die drei Künninge drei Künnijinne jewäs wöre. Villeich woren die fröher vill wigger met der Emanzipazijun, un mer hann dat nor nit jewoss! Mer darf doch och ens die Saach met jet Humor vun där Sick belore. Dann löhch nämlich jetz em Huhe Dom ze Kölle dat Jerämsch vun drei staatse Künnijinne.

Ich jläuve zwor, janz esu vill hädden sich nit jeändert, ävver bestemmp e paar Kleinichkeite.

Op jede Fall wören die Künnijinne, nohdäm se och dä Stän jesinn hätte, pünklicher jewäse, weil Fraulück, wann die nit wesse, wie mer aan et Ziel kütt, eifach nohm Wääch froge. Dovör sin die nit zo schineerlich wie die Käls. Fraulück loßen sich der Wääch vun einem, dä et hoffentlich weiß, jot useneinposementeere, froge noch ens intellent noh un zack sin se do. Jot, jet Ömwääch muss mer immer enkalkuleere, besonders dann, wann e Schohnsjeschäff am Wääch litt, denn dann künnt et jet dore. Ävver söns wören se bestemmp ziggijer em Stall aanjekumme.

Un dat wör för et Maria, weil die drei secherlich als Hevvamme besser wore wie dä ärme Zemmermanns Jupp, dä ne jode Handwerker wor, ävver als Jebootshelfer zwei linke Häng hatt, jot jewäse.

Zoehsch hädden die drei dä dreckelije, kleine Stall ens öntlich op- un ömjerümp, dä Dress vun de Deere erusjefäch, et Strüh vun räächs op links jedriht, vun drusse neu Strüh en et Kreppche zorteet, jet Raumspray „Landdöff" verdeilt un de Krepp un et Maria öntlich met Sagrotan avjewäsche, domet sich dä Klein nit allt am ehschte Daach de Firkesjripp höllt.

De Saddeltäsche vun de Kamele hädden die Künnijinne huh volljepack met janz wichtije Saache: Jet för zwesche de Kieme, alsu öntlich jet aan Fleisch un Jemös un jet Leckerjots för dat Püütche. Nit ze verjesse en Kamelladung Windele, Sanitaswindele, fresch jebüjelt. En Wärmfläsch un ne schöne blaue Nüggel. Jet Penatekräm för dat hellije Föttche, en Pudelmötz un ne kleine Schneiaanzoch wören suwiesu em Handköfferche. Naaks weed et och en der Wüste fies kalt.

Üvvrijens och en Fläsch Schabau als Luhn för der Juppemann, dä ärmen Höösch, dä alles jläuv, wat mer im verzällt, wör em Jepäck.

Un donoh hädden se em Stall all jenöhchlich zesammejesesse, ahl Chessdaachsleeder jesunge, sich dä em Römerpott metjebraate Rheinische Soorbrode un die selvsjemaate Klöß schmecke loße, sich ene kleine Schwipps mem Wing aanjedrunke, un am nöhkste Morje wören die drei Künnijinne zefridde op Heim aan jejange. Ohne Jold, Weihrauch un Myrrhe hädden et och jeflupp.

Vun dem stinkije Weihrauch –en Futzidee vun dä Käls, dat dem Weckelditzje ze schenke un unger de Nas ze halde – weed et jo sujar hück mäncheinem en der Kirch noch immer öntlich plümerant.

Un su ungerwächs, jot jesennt un met der Welt em Fridde, do hädden die Künnijinne jenohch Stoff jehatt, för e janz Johr ze schwade, villeich su: „Alsu ich, ich fingen, dä Klein süht dem Zemmermanns Jupp üvverhaup nit ähnlich! Dä hät jo nit ens däm sing Nas!" „Nä, wat Do widder sähs. Alsu ich, ich fingen, dat ess der Jupp wie jekotz!" „Üvvrijens, mer verzällt sich su hinger der Hand, dat der Jupp sing Arbeitsstell verloren hät. Wie well dä dann de Famillich am Esse halde?"

„Saat ens, wie halden die dat bloß met däm janze Jedeers do em Stall us? Dat rüch bei denne jo wie bei Hempels ungerm Kanepee! Un dä Esel, dä noch e öntlich Jängelche vör sich hät, süht och allt us wie der Dud op Schluffe. Zo beneide sin se nit. Nit för Koche mööch ich met denne tuusche." „Su, ich ben jo ens jespannt, wann ich minge Römerpott widdersinn. Secherlich bruchen ich dodrop nit zo wade. Dä jeit op der lang Reis bestemmp verlore. Nojo, hann se evvens en de Museen späder eine winnijer för uszestelle un avzestöbbe. Stirv keiner draan."

„Un üvver dat Eine wundere meer uns doch alle drei. Ich, alsu ich kenne dat Maria noch us der Singschull. Jung, dat wor villeich domols ne flotte Kevver! Wiesu dat aan dem Zemmermanns Jüppche hangejeblevven ess, dat frogen ich mich allt die janze Zick. Wie heiß noch ens der Sproch: Wo die Liebe hinfällt...Ävver, ich well jo nix jesaat hann, wann et pass."

„Jetz opjepass, Schluss met der janze Schwaderei, söns maache mer widder nen Ömwääch wie om Hinwääch. No saat ens, müsse mer jetz rääch ov links avbeje? Op uns Kamele ka'mer sich jo hückzedaachs nit verloße. Ov sich dat, winnichstens bei de Kamele en de nöhkste zweidausend Johr ändert? Ich weiß et nit, ich weiß et nit. Villeich erfingk mer e Kamelnavi. De Minsche entweckele sich jo, su wie mer säht, immer wigger! Hoffentlich! Mer wäden et bovven höre!"

Üvver wat mer sich...
söns noch Jedanke määt

D'Artagnan

Der Son un de Schwijjerdoochter vum Lehmanns Jriet sin op der Hungk jekumme. Jot, Pänz hann se noch kein, ävver villeich fängk mer hückzedaachs ehsch met nem Hungk aan, för sich aan jet Unrass em Huus zo jewenne. Natörlich moot et eine sin, dä mer nit jrad aan jeder Eck ov en jedem Jade pinkele süht. Un, wat woodt et noh langer Sökerei, e Franzusemöppche, „eine Französische Bulldogge". Nit för klei Jeld ze hann, ävver dä jung Lück wor nix zo dör. No hatt et Jriet sich unger Bulldogge ne öntlije Kavensmann, bal esu jroß wie e Pony, vörjestallt. Ävver su wor dat Deerche nit.

Et wor bei de Pänz Leev op der ehschte Bleck, wie se dat klei moppsisch Knäujelche met dä decke Jlupsch-Knoppauge, däm jedrunge Buch un Knubbelföttche jesinn hatte. Die „Französische Bulldogge" wor e Föttche aan der Äd un sohch met singe Huck-Hüvvelcher us wie ne ömjekippte Buddha.

Ävver der Name, e Jedeech. Dä allein wor allt die Euros wäät: D'Artagnan! Et Jriet meinten, dä Name D'Artagnan, it kannt där als veete Kamerad vun de Drei Musketiere, wör d ä m Klein nit jrad op der Liev jeschrevve, ävver de Pänz wore jlöcklich un zefridde. Wann et Jriet sich dä Minihungk jenau aanlorten, sohch it luuter dä D'Artagnan vör Auge, dä it us de Filme en der Äujelskess kannt: jroß, staats, en Fijor wie jemolt, Auge voll Jlot, met Föör em Blot, wie singe ehschte Kavalöres, der Hamachers Will, dä met Leidenschaff jesänt wor.

Secher mööt mer met dem Deerche Jedold hann, bes dat et sich zo nem D'Artagnan entwickele dät. Ävver su richtich kunnt et Jriet sich nit vörstelle, dat dat Knübbelche ens vör Leidenschaff un Jlot usflippe künnt. Wat ävver dä edle kleine D'Artagnan ärch jot kunnt wor futze, futze met nem Jestank, dat mer kein Luff mih kräch.

Ejal, jetz wor dat Hüngche e neu Famillijemetjlidd, un all kunnten se et tireck jot ligge. Och de Jroß wor jeck op dä Klein, nor, se kunnt sich der schwere Franzusename nit merke. Ehr Jeheensschaaf kom aan et tirvele, wann de Pänz op Besök kome, ävver der Name för die labendije Kugel met Fell feel ehr nie en. Do hatten die Pänz der Enfall, dä Hungk ömzedäufe. Un su kom et, dat beim nöhkste Besök der kleine D'Artagnan „Leo" jenannt woodt. Jetz jingk dat secher för die Jroß besser. Leo, dä Name künnt mer doch jot behalde. D i e Groß kunnt dat nit. Langksam kom sujar dä Klein en Raasch, wann se ohne singe Name ze rofe hinger em herrleef för en avzebütze un ze knuddele.

Nit dat einer denk, dat Franzusemöppche wör bei der Jroß ohne Name jeblevve. Nix do, de Jroß woss sich ze helfe, un wann se hück nohm Hüngkche fröch heiß et: „Wat määt dann ming Männilein, wo ess dann ming Jüngilein, mi Schnubbelche?" Männilein, Jüngilein, Schnubbelche...; nit uszehalde, wat mer sich als D'Artagnan, vum Künning jeadelt, all beede loße muss. Jot, dat et „Männilein" nit spreche kann, ävver wann et „Männilein" dat künnt, wöödt et villeich sage: „D'Artagnan, maach der nix drus, do kanns se nit all kapott bieße! Ävver do künnts ens widder öntlich eine fleje loße, ens sinn, wat de Jroß dozo säht."

Letz hann ich jet jehoot un kunnt et kaum jläuve: Dä Klein muss sich wal doch zo nem D'Artagnan, nem heiße Fäjer met Leidenschaff un Jlot, entweckelt hann, die Hungkseldere hann en kastreere loße. Schingks, mer verdeit sich nit nor en de Minsche. Eijentlich mööt dä Futzemann jetz ömjedäuf wäde en „Leopoldine". Dat weed bei der Jroß jet jevve!

Ne Fähler kann jedem ens passeere

Alsu eijentlich, eijentlich dunn ich, wie all die ander Fraulück, beim Telefoneere nor et Nüdichste janz koot bespreche un ben em Rüppche fädich.

Ävver dis Däch hatt ich mich doch ens verquasselt, un de Zick wor mer fottjelaufe. Usjerechent aan däm Daach, aan däm ich en Ründeroth nen Optrett hatt, jenau do, wo der Hungk bejrave litt. Evvens nit jrad vör minger Huusdöör en Kerpen, un ich mich op en jode Stund Fahrerei, wann nit noch mih, enstelle moot. Et woodt öntlich knapp. Flöck de Manuskripte jeraaf, et staatse Baselümche aanjetrocke, noch ne kleine Rubens us mer jemaat, fädich. Av en et Auto, et Navi enjestallt, un dann kunnt ich nor noch hoffe, dat der leeven Herrjott keine decke Stau op minger Streck för hück em Kopp hatt.

De Opfaht op de Autobahn en Reechtung Kölle hatt ich jrad jot jepack, do kom op der Üvverhollspor e Pulizeiauto aanjeflitz, fohr aan mer vörbei, satzten sich vör mich un ich kunnt bovven op dem Daach die Leuchschreff lese: Bitte folgen...Bitte folgen...

Mi Hätz rötschten mer en de Botz. Wat hatt ich verkeht jemaat? Ich hatt doch jar nit mem Händi telefoneet. Wor ich wirklich zo flöck jefahre, söns jar nit ming Aat? Hatt ich einem de Vörfaht jenomme? Wor ich zo deech opjefahre? Mi Jeheensschaaf wor am tirvele. Un ich wor doch suwiesu su knapp met minger Zick.

Trotz minge Üvverläjunge, et dät nix nötze. Vör mer fohr dat Pulizeiauto wigger un ich moot brav folje, wann ich keine fiese Ärjer krijje woll. Je nöher ich aan de Pulizeistazijun Frechen kom, je schlemmer woodt mi schlääch Jewesse, ovschüns ich jar nit woss, woför ich mich schamme sollt. Do kom endlich die Enfaht en de Frechener Autobahnrassstell, wo janz hinger em Jröne de Pulizeistazijun ess. Normalerwies kennen ich dat, nä, hatt ich dat allt ens jesinn, wa'mer nem Pulizeiauto folje muss, hält dat eine dann op dem Parkplaatz vun der Rasstätt tireck aan. Mi

Pulizeiauto fohr, met „Bitte folgen!" immer wigger, bes et nit mih jingk op der Parkplaatz vun der Pulizei. Dä!!

Wat hatt ich bloß verbroche, dat ich denne bal bes en de Enjangsdöör folje moot? Met waggelije Bein, weil mi Hätz nit mih en der Botz, nä, allt op de Kneen hing, kom ich us mingem Auto erus un sohch ne junge Biamte, dä minge Son sin kunnt, met Rieseschrett op mich aankumme. Ennerlich hatt ich minge Optrett en Ründeroth allt avjeschrevve. Ich köm janz bestemmp us irjend nem Jrund en de Blech!

Mer komen allebeids zor jliche Zick hinger mingem Kofferaum zom stonn un do hoot ich:

„Et deit uns ärch leid, dat Ehr uns nohjefahre sidd, ävver mer hann janz verjesse, die Leuchschreff om Daach uszoschalde!"

Künnt ehr die Stein noch höre, die mer vum Hätze jefalle sin? Üvvrijens, bes noh Ründeroth hann ich et noch pünklich jeschaff, der Herrjott hatt de Staus ehsch hinger mer aanfange loße.

Hoffentlich kipp keiner öm!

Ejal wo ich Orlaub maache, et ess allt e Ritual: Am ehschte Daach jonn ich immer de Kirche besichtije, dunn Kääze för ming Famillich un Fründe opstelle un jeneeßen die Rauh öm mich eröm. Su och Engks vörrijem Johr. För e paar Däch wor ich üvver Silvester en e klei Dörp aan der Musel jefahre.Wie allt jesaat, minge Kirchebesök hatt ich jemaat un em Ushang jelese, dat aan Silvester, ovends öm halver sechs, e Huhamp met sakramentalem Sän aanjesatz wor. Dat wor en jode Zick, nit ze fröh un nit ze spät. Hingernoh künnt mer jot noch esse jonn un et Engk vum Johr bejeeße.

Pünklich, koot vör halver sechs, soß ich en der ahl Kirch, natörlich nit allein. Et halve Dörp wor aan däm Daach op et Huhamp enjestemmp. Schleeßlich woll mäncheiner vum ahle Johr met Aanstand Avschied nemme. Et woodt halver sechs, fünf noh halver sechs, veedel vör sechs. En der Kirch wor et mucksmüsjestell, ävver vum Pastur noch nix ze sinn. Öm zehn vör sechs kom ne äldre Här em dunkle Mantel, en Äktetäsch ungerm Ärm, en de Kirch jefloge, jingk met riesije Schrett op der Altar zo, stallt sich aan dat kleine Stehpolt, dät noch ens deef Luff holle un saat zwesche zwei Odemzöch: „Ich hann mich verschlofe, et deit mer leid, jlich jeit et wigger!" Wie ne Bletz wor hä dernoh en der Sakristei verschwunde.

Die technische Aanlaach vun dä klein Kirch wor nit op dem neuste Stand un aan Stelle enstalleet, wo se et bess nit jewähs wör. Mer woren all quasi „live" met dobei un kunnten se laut un opjerääch en der Sakristei zorteere höre. Der Pastur sproch mem Urjaniss flöck de Leeder av, Hektik kom op, denn e paar däten im üvverhaup nit jefalle. Laut woodt diskuteet, dann woodte die Leeder jestreche, un der Urjaniss jov beleidich singe Senf dozo. Hä wor nit zefridde, dat kunnt mer jot erushöre. De Messdeener woodte noch aanjehalde, beim sakramentale Sän och aan de räächte Stelle metzemaache, un dann jingk endlich dat Klöckelche, de Mess fing aan, un de Haupdarsteller däten aan der Altar fleje.

De Bejrößung woodt erunderjerasselt. Ich hatt dat Jeföhl, dat der Pastur die verschlofe Zick opholle woll. Die „brennende Handtäsch", wie ne

Fastelovendsredner jän die Weihrauchampel beschriev, wor noch jar nit richtich am brenne, un beim Schwengele kom nor av un aan e klitzeklei Qualmpüffje erus. Av der drette Reih wor vun däm Miniwölkche nix mih ze sinn. Irjendwie leev die Mess em Stänekarjär av. Jet iggelich dät der Här Pastur am Altar en singe flejende Blädder wöhle un alles söke; hä sook si Evanjelijum, sing Lesung, sing Prädich, sing Vörbedde un dat Zeddelraschele wor bes en de hingerschte Eck vun der Kirch ze höre. Die avjesproche Leeder jefeelen im schingks och nit mih un et woodte andre vörjeschlage un ohne Urjelbejleitung jesunge. De Jemeinde wor „schmerzfrei" un maat dat all met.

Jetz kom die brennende Handtäsch widder draan un mich dät bal der Schlaach treffe, jetz komen us jedem Loch Schwadem erus, wie wann ne ahle Kamin avbrenne wöödt, die ehschte drei Bankreihe lohche vun jetz op jlich em deefste Nevvel, un dä Jeroch wor nit uszehalde. Ich hatt öntlich Nut öm die Lück aan „vorderster Front". Hoffentlich däten die jetz nit reihewies us de Latsche kippe. Vun Usrottung koot vörm neue Johr hatt keiner jesproche, et sollt doch ne schöne Ovend wäde! Ävver wie ich sinn kunnt, woren die Muselaner ärch friet un jäje hillije Schwadem us der heiße Handtäsch immun. Et hät nit einer ens öntlich jehos.

Nohdäm der Pastur, bal wie en labendije Spölmaschin, met janz vill Jeklapper der Selverkelch un de Selverteller jespölt hatt, verjoß hä sujar, sich selvs de Hostie ze jevve, villeich hatt ich dat och nit jesinn, su flöck jingk alles. Üvvrijens, der Friddensjroß woodt janz fottjeloße, ovschüns mer jrad dä hückzedaachs all nüdich bruche, de Prädich woodt reduzeet op die Länge vun nem Aachzeiler, flöck noch e Avschlussleed jeschmettert, fädich. Ohne Tschüss ze sage un e schön neu Johr ze wünsche, wor dat Altarschmölzje su flöck, wie et jekumme wor, widder en der Sakristei verschwunde.

Mer kann sich jo op nix mih verloße. Och e Huhamp, söns allt ens jet langwielije anderthalv Stündcher, ess nit mih dat, wat et fröher wor. Un, lo'mer doch ens ihrlich sin, dat su jar nix bei der brennende Handtäsch passeet ess, ich weiß et nit. Eijentlich schadt!

Ungerbotz un huh Hacke

Hück hatt ich e Werbeblättche vun nem Kaufes en der Poss. Söns wirfe ich su jet unjelese en der Emmer, ävver die Üvverschreff hät mich jereiz wiggerzelese: BODY MAKE UP – Body-Make-Up-Dessous machen jeden Tag ein bisschen schöner, denn sie sind anschmiegsam wie eine zweite Haut!

Ich hann allt met minger ehschte Brassel jenohch, denn die ess nit nor „anschmiegsam", die föhlt sich aan meer esu wohl, dat se immer mih weed. Un öm dat et bessje en der Jreff ze krijje, jitt et alsu jetz Body Make Up.

Do kütt zoehsch ens ne Light Sensation Highwaist Panty en Frohch. Dat ess en Ungerbotz, alsu ne Krüffer ov Schlüpfer wie mer su säht, der vun der Höff, vun der Waist, bes üvver de Taille un üvver der Buchnabel huhjetrocke weed. För der Buchnabel jot, do künne sich dann nit mih su vill Fusele sammele, die mer söns su schlääch eruskritt. Dozo jitt et för bovveneröm entweder der Body-Make-Up Push-Up BH, der Just Body-Make-Up Tai BH ov der Body-Make-Up Lace-Schalen BH.

Lace hät jet met schnöre ze dunn, un ich krijjen jetz allt kein Luff mih. För die „kleine Freude zwischendurch" ka'mer op der Skiny Rio-Slip ov Skiny Low-Cut-Slip zoröckjriefe. Mer künnt natörlich, falls mer sich jän bovve jet mih „offen" zeich, och der Amourette Spotlight Bügel BH nemme. Dozo dann, domet et all pass, och der Amourette Spotlight Hipster. Falls einer nit weiß, wat Hipster ess, Hipster ess och en Ungerbotz, ävver die jeit nit bes üvver der Buchnabel. Üvvrijens, mer muss verdammp jot englisch spreche künne, öm sich met der eije Ungerwäsch och ens ungerhalde ze künne.

Un dann lese ich wigger. Et jitt och Shapewear; Shape hann ich ens jet jejoggelt, heiß u. a. Form, Umriss, Ausprägung, wat nit nor de Fijor jet formb, dat hät och optische Reize, ess elejant un sinnlich, un mer kann et als Jeheimwaffe benötze.

No maachen ich mer su ming Jedanke, wä ich, ußer mingem Mann, met der Jeheimwaffe en XL, jrößer jitt et die leider nit, aanscheeße künnt? Dann mööt ich die Jeheimwaffe ävver üvver der Kledaasch drage. Ov sich dat bei meer noch luhnt?

Die Waffe jitt et en de Färve schwatz un smooth skin. Smooth, ich hann noch ens jejoggelt, heiß: glatt, ausgeglichen, flüssig, ruhig, lieblich, stufenlos, geschmeidig, sanft, mild, nahtlos, fugenlos, sanft übergehend, lässig, weich reibungslos und süffig. Wat ess dat dann för en Färv?

Un do muss ich mich dann och entscheide, ov ich dä Beauty Sensation Minimizer BH met däm passende Highwaist Panty ov dä Secon Skin Highwaist Panty nemme. Ich hatt vör luuter Raasch nit richtich hinjelort un Pantry jelese. Dat wör dann en klein Enbauköch om Scheff ov söns, ävver wie en klein Enbauköch süht ming Fott noh ihrlich noch nit us. Die BHs, wann ich dat richtich verstonn, sin Spacer-Cups met Hohlräum. Space hät jet met Weltraum ze dunn un Cups sin Tasse, alsu ess der BH en Weltraumtass met Hohlräum. Leider jitt et bei meer kein, bei meer ess alles voll un prall un ming Atmungsaktivität jeit mänchmol üvver de Hohlräum drüvver.

Ich üvverläje mer ävver, ov ich mer nit ens en 4-er Packung vun dä Sloggi Pure Tai Botze zoläje soll. Su wie et do beschrevve steit, verschenken die „gute Laune", jeden Tag. Dat künnt ich mänchmol jebruche, wann ich mich morjens, noh nem jode Ovendesse, op ming sprechende Wooch stelle.

Öm mi optisch Beld wigger ze verschönere, künnt ich jetz noch ne Workshop metmaache, Thema: Auf hohen Hacken durch das Leben. Bringen sie bequeme Kleidung und ihre Lieblings-High-Heels mit. Heitere Einblicke in die Kulturgeschichte des Laufens. Die Teilnahme erfolgt auf eigene Gefahr.

Doch ich jläuve, ne Kompromiss wör he, wie immer em Levve, et Bess: Bovven un en der Medde de Jeheimwaffe en XL un ungen Birkenstocksandale met Lüftungslöcher en der fresche Färv steinjrau, dat pass immer.

Chantalle, Chantalle

Chantalle, Chantalle.
Do mähs et meer su leich.
Chantalle, Chantalle.
Do bess prall un botterweich.
Jän wadts do op mich he
En mingem Reich.

Chantalle, Chantalle.
Bess bei meer erenjehöpp.
Chantalle, Chantalle.
Mähs keine Dreck un keine Stöpp.
Aan deer ess alles super,
Do häss kein Knöpp.

Chantalle, Chantalle.
Dinge Jummi weed porös.
Chantalle, Chantalle.
Do häss Falde aan de Föß.
Langksam ess de Luff erus.
Ich ben deer nit bös.

Chantalle, Chantalle.
Eimol do muss do jonn.
Chantalle, Chantalle.
Ich kauf' mer morje et Yvonne,
Dann häss do ding Rauh he
Un küss en de jääl Tonn.

„Cash" en de Täsch

Et jitt widder jet Neus för de Fraulück. Dat heiß neu ess dat jar nit, dat jov et och allt en minger Jugend. Fröher heeß dat knappe, flache Täschje, wat mer stolz bei et Etuikleid ungerm Ärm jedragen hann „Unterarmtasche"ov „Kuverttasche", hück heiß et „Clutch". Ich hann mich ens schlau jemaat, wie mer dat Woot üvversetze kann. Dat ka'mer met: fasshalde, ömklammere, jriefe, ungerklemme. Alsu alles, wat ich fasshalde well, weil ich suwiesu ne Klatsch hann, öm met dem neue Woot zo spreche, „ clutchen" ich jetz. För e Beispill minge Mann, ming Pänz, och et Jeld. E juxich Woot, ävver blieve mer ens bei Täsche.

Dat fängk jo allt en der Puutezick aan: Jedes Kinderjadekind, un do jitt et keine biolojische Ungerscheid, kritt e Kinderjadetäschje för de Botteramme, et Obs un e Täschedohch. Mänchmol sinn die allt us wie ne Minischullranze. Un noh der Kinderjadezick kütt dann als Täsch der richtije Schullranze, jot avjestemmp op die erjonomische Fijor vun de Pänz, ess dat hück off ne Rucksack. De Werbung sprich vun „leich wie e Fedderche". Kütt natörlich drop aan, vun wäm die Fedder ess, et jitt och Albatrosfeddere...

Uns Jenerazijun Sixty Plus un Sixty Plus Plus hatt noch dat Unjetüm us brungem, stiefem Ledder, bleischwer, sollt der Kinderrögge, su woodt dat domols jesaat, schone un hatt avjerundete Ecke, domet hingen die weiche Deil, sprich de Fott, nit iwich blau Flecke kräch. Ävver stolz wie ne Päädsköttel wore mer trotzdäm un hann dat Unjeheuer jeschlepp, et hatt jo öntlich Jeld jekoss.

Dat Ding woodt dann bei uns Sixtys beim Wääßel op de hühtere Schull, alsu op de Realschull ov et Jymnasijum, jäje jenau esu en schwer, ävver noch häßlichere Aktetäsch jetuusch. Allt widder johrelang die Schlepperei. Doch dann hatt mer et jeschaff. Wann alles jot jingk woodt noh Johre us der Aktetäsch-Schlepperin en jung Frau, en „modän" Madam met Handtäschje. Un jetz kunnt die Täsch nit klein jenohch sin. En neu klitzeklein Welt hing am Ärm.

Üvvrijens, jrad vör e paar Woche drohch et englisch Lisje beim Staatsbesök en Deutschland su e futzich „Clutch"-Täschje. Dat Ding wor allt domols nit jot ze bruche, weil ußer nem Täschedohch, dem Huusschlössel un jet Kleinjeld för op et Klosett nix dodren Plaatz hatt, un wann et unverhoots opjingk, vun wäjen der Üvverföllung, lohch der janze Schlamassel en der Sod. Su verjingen de Johre, endlich ohne Schlepperei.

Un dann woodt jehierot un Pänz stallten sich en.

Woll mer et ehschte Johr nit nor derheim aan der Wickelkumod verbränge, woodt för ne zweistündije Besök bei Fründe ov der Famillich en Reisetäsch jepack, die dann die, die mer met unsem Besök erfreue wollte, en Angs un Schrecke versatz. Jrad Fründe ohne Pänz hatte Panik en de Auge stonn, mer künnt sich för en janze Woch enquarteere. Un widder dorten et Johre, bes die Reisetäsch op die Jröße vun ner normale Handtäsch enleef.

Dat wor dä Daach, aan däm de Fründe fassjestallt hann: De Täsch ess widder klein, de Pänz sin us dem Huus.

Wa'mer jetz, wo meer deck en de Sixtys sin, verreise, rick dat widder aan et Levve jekumme Ungerärmtäschje, „die Clutch", vun meer us och dä Klatsch, jrad för de Droppe un Pille. Un wa'mer dann noch unger „Schlafapnoe" lick un der nüdije Sauerstoffapparat met Maske ov sujar noch ne Befeuchter bruch, wör en Schürreskar för der Transport nit schlääch. Un wat packe mer dann widder us? De jrößte Reisetäsch, die mer hann.

Fröhch sich nor, wa'mer widder mem Kinderjadetäschje aanfange.

Ärm Pänz

Mer freut sich hückzedaachs janz besonders, wann us dem Fründeskreis ne Aanrof kütt: „Mer jevven e Pittermännche us, mer hann et jeschaff, en nüng Mond si'mer Jroßeldere!" Vill zo selde passeet dat, weil die jung Lück vun hück mehschtens studeet hann un sich met Engks zwanzich ehsch ens jet opbaue müsse. Do rötsch der Wunsch noh nem eije Püütche janz noh hinger. Ävver, wie jesaat, en mingem Fründeskreis hät sich endlich ens widder jet jedonn, un do ess et kei Wunder, dat die zokünftije Jroßeldere en ehrer Freud esu dunn, wie wann se selvs jet dozo beijedrage hädden.

Natörlich ess die Jroß, die noch kein ess, un der Jroßvatter, der noch keine ess, allt en de Huusstandsböhcher de Vörname am zesammesöke. Schleeßlich wor et en der Famillich bes jetz Tradizijun, dat, ejal ov Jung ov Mädche, op jede Fall „Maria" bei de Vörname bedaach wäde muss. Domet künnen se bei jung Lück vun hück ävver keine Blomepott jewenne.

Wat maachen die „werdenden" jung Eldere? Die kaufe sich Böhcher, bal jeden Daach e neu, die bei der Uswahl noh nem räächte Vörname helfe solle. Un et jiddere Name, do fällt einem nix mih zo en; domet meinen ich nit nor die, die prominente Lück för ehr Pänz usjesook hann, wie för e Beispill: Wilson-Gonzalez, Rocco Ernesto, Cheyenne Savannah, Diego, Talisa, Janella (nit Sanella), Cosmo, Prosper (künnt jot e neu Reinijungsmeddel sin), Ragnar, Ophelia (un dat ärm Mädche weed dann üvver 1,80 jroß, hät Kleiderjröße 46 un Föß wie e Trampeldeer). Ich woll nor eifach esu e paar vun dä neumodische Name nenne.

Jitt et eijentlich nor noch modäne, darf mer op die ahle nit mih zoröckjriefe? Saat, wor dat nit schön, wie de Pooschte, met denne mer domols pusseet hann, noch Karl, Willi, Tünn, Theo, Antun, Nikela un Schäng heeße un die Mädcher Rosa, Anna, Jrete, Leni, Bärbel, Jisela, Lisbeth un Jertrud. Schleeßlich dät mer fröher op jede Fall dä domet verbungene Namensdaach noch richtich wie e Famillijefess fiere. Wichtich wor et, dat die Pänz op jede Fall met dem Vörname och tireck ne Hellije aan der

Sick hatte, der en alle Levvenszituatijune helfe kunnt, un dat nit nor als jode Engel doheim un ungerwächs, nä, och en der Schull, en der Famillich un vör allem em Berof. Un ich kann üch sage, die Hellije hatten öntlich jet aan de Jäng. Et woren zwor nit all esu jefrohch, ävver wa'mer sich nor ens der Zinter Klos, der Hellije Nikolaus vun Myra belort, dä muss sich jo em Himmel wie ne Ventilator drihe, domet där all sing Flichte op de Reih kritt. Zoständich wor un ess der för de Apteker, Anwälte, för de Bäcker, de Boore, de Bröckebauer, Fescher, Weetslück, Schabausbrenner – öm nor e paar Berofe ze sage. Ihrlich, do versöken ich ehsch jar nit hellich ze wäde, do arbeidt mer sich jo em Himmel kapott. Schleeßlich well mer doch do och jet vun singem Dud hann un endlich ens jet räste. Der ärme Zinter Klos kütt jo bovven huh em Himmel nit ein Minutt zor Rauh. Jot, et jitt natörlich och Fraulück, die vill ze dunn hann. Et Hellije Barbara - Bärbelche – muss sich och opdeile zwesche de Architekte, Birchlück, Feuerwehrslück, Klockejeeßer, Hotmächer, Köche un esu wigger. Mer süht, och em Himmel ess de Arbeit nit esu janz jerääch verdeilt.

Freue dunn ich mich, dat der Hellije Laurentius jet op de Jriller oppass, dat nimmp hück üvverhand un der Antonius vun Padua – uns Schlunze Tünn – dä bruche mer för uns verkroste Saache ze söke bal jeden Daach.

Ävver, wie allt vörherr jesaat, hück wäde jo kaum noch Name aan Pänz vun Hellije wiggerjejovve, die en jroße Levvenserfahrung he unger un bovvenhuh hann.

Do hann et die Chinese noh mingem Aansinn jet leichter. Do sök mer der Vörname för dat neujebore Püütche nit nohm Jeschmack vun de Eldere ov der Famillich us. Dat ess en janz ähnze Schecksalsfrohch. Doför jitt et Namensjeber, alsu Faachmänner. Dat sin Jelihrte. För e Beispill der Meister Chen, der öm de Eck do en Peking wonnt. Der fröch de Eldere nohm Datum un der Uhrzick vun der Jebort un dann sök der en Böhcher, decker wie uns Bibel, deit rechne un berechne un stellt sing Diagnos: Däm neujebore Weech fählt Holz. Nit dat „Holz vor der Hütte", dat kütt vun janz allein beim Waaße, däm Püselche fählt dat Element Holz. Die Chinese jonn nämlich us vun dä fünf levvenswichtije Elemente: Föör, Wasser, Metall, Äd un Holz. Un wann bei de Berechnunge ei Element fählt odder vill ze winnich dovun do ess, muss mer am Name jet dunn. Jetz ess der Meister Chen jefrohch. Die janze Name, die dat ärme Kind kritt, ejal ov Spetzname, Rofname odder späder ens ne Künslername, müsse jet Holzijes en sich hann. Bei däm kleine Weech woodt su entschedde: Offzieller Name Linxin – ein Wald aus Gold –, dä „Holz", Spetzname Linlin – ein Hain aus Jade; dä, allt widder „Holz". Falls ne Künslername nüdich wöödt – Songhua – Pinienpferd. Jetz hatten se jenohch „Holz".

No maachen ich mer su ming Jedanke, wann dat en Kölle jetz modän wöödt sich och ne Meister em Veedel för der Name ze söke. He heeß der natörlich Meister Schäng. Wie künnt dat dann bei uns ussinn? Wat ha'mer dann he en Kölle för fünf levvenswichtije Elemente? Flönz, Kölsch, Dom, Rhing un Klüngel. Un wie jingk dat wigger? Villeich esu: Dat neujebore Weech heiß, et kritt natörlich och ne modäne Vörname „Ella Zoe". Wat vun de Elemente fählt dem Klein dann? Noh Pröfung durch der Meister Schäng säht dä, dem Weech fählt Flönz un noh langem Üvverläje hät hä die passende Name för alle Levvenszituazijune parat: Et Flönze Ella Zoeche (mer Kölsche dunn jo jän alles jet verkleinere), et Himmel un Äds Ella Zoeche, un, falls et jet met Kuns ze dunn kräch: et Kölsche Kaviar Ella Zoe.

Wie söhch dat bei nem Poosch us, för e Beispill beim Artus Abdul, bei dem der Rhing fählen dät? Villeich: Dat Dröppchens Artus Abdulche, dat naaße Artus Abdulche, un, falls och dä ens ne Künsler wöödt, der Rhing-Männ Artus Abdul. Die Name all zesamme met dem Famillijename, sage mer ens wie Schmitz, Kolvenbach, Senkendeckel, Hückelhoven, dann künnt dat su ne lange Name jevve, der op kein Scheckkaat mih pass.

Fazit: Nä, wat künne Eldere nem Kind domet all aandunn!

Do muss ich för mich sage, Kölle bliev Kölle, ess nit China. Un, ovschüns chinesische Name för uns Ohre e Jedeech sin, blieve mer leever bei Maria, Jertrud, Isolde, Josef, Luise, Hermann odder och zor Nut bei Ella Zoe un Artus Abdul, Jacqueline, Shiva, Tomke un Cassian. Et künnt jo och noch schlemmer kumme!

Schön ess en Jeschmacksaach

Uns modän Zick met dem janze technische Krom määt mer off jet Angs ävver av un aan och Freud, mich jet mih domet zo bedunn. Met mingem Kompjuter hann ich mettlerwiel Fründschaff jeschlosse, un hä liht mich nor dat maache, wat ich kann, un drängk sich mer nit noch mih op. Natörlich weiß ich, dat hä janz vill kann, ävver ich noch nit. Basta! Mänchmol nemmen ich mer ens jet Zick un juggele mich e bessje durch et Aanjebott. Un dat hann ich jrad jedonn un ben op ener Sick met Puutespillzüch jelandt.

Do ich noch kein Jroß ben, minge Jung ess noch en der „Findungsphase", hann ich kaum en Ahnung dovun, womet die Pänz hückzedaachs spille. Jehoot hann ich natörlich allt ens jet vun de Schleich Deere, Hello Kitty un de Filly Pädcher. Ne Puffer Ball ess mer janz unbekannt un och vun dä Monster High Scaris Pöppcher, met dä doll Name wie Draculaura, Rochelle un Clawdee Wolf, die e klitzeklein bessje wie en fremde Barbiepopp ussinn, hät bei meer derheim noch keiner jesproche.

Un do fällt mer jet en: Künnt ehr üch noch aan die decke, jroße Poppe erennere, bal su jroß wie e Weckelditzje, die vör üvver 30 Johr bal en jedem Kinderzemmer lohche? Och ming domols noch klein Neechte hatten sich vum Chresskind su en Popp jewünsch. Et Chresskind hatt natörlich si Bess jedonn, un aan Hellichovend lohchen zwei vun dä Riesenbabys ungerm Chressbaum. Ich fung die Poppe vun Aanfang aan ärch widderlich met dä opjeblose Jeseechter, dä Plaateköpp, dä decke Wooschärm un -bein, dä starr Auge, ohne jede Usdrock, un dat all en Babyjröß 64. För mich wor ävver och jar nix Schöns aan dä Poppekinder draan. Och ming Schwester wor minger Meinung, un janz stekum hatte mer die zwei op der Name „Scheiß Jabi" jedäuf. Wie mer usjerechent dodrop kome, weiß ich hück nit mih. Ming Neechjer hatte met unsem nit Müjje nix am Hot, un die Poppe wore noh kooter Zick de Hauppersone.

Minge Jung wor domols jrad e jot half Johr allt. Un do uns zwei Famillije nor unjefähr hundert Meter Lufflinie usenein wonnten, sohche mer uns zo där Zick off. Ming Neechjer hatte Spass aan ehrem Kusäng un däten mich met ehr Poppe om Ärm off besöke. Mänchmol lohchen se alle drei un zwei Mol „Scheiß Jabi" em Laufstall, spillten jet Jroßfamillich un juhzten usjeloße met mingem Jung öm de Wett. Moot ich bloß ens flöck em Dörp jet enkaufe, kunnt ich minge Klein ohne Sorch sing Kusincher üvverloße. Wann ich länger ungerwächs wor, braat ich minge Son bei ming Schwester un woss, hä wor en jode Häng.

Noh su nem Enkaufsbummel, ich wor allt jet üvverfällich un hatt minger Schwester jäjenüvver e schlääch Jewesse, floch ich en et Wonnzemmer un sook minge Jung. Jet opjedriht un en Brass kom ming Frohch: „Do litt jo en „Scheiß Jabi" em Laufstall. Wo ess dann minge Jung avjeblevve?" Et wor e paar Sekunde lang mucksmüsjesstell, dann hoot ich nor noch dat piepsije Stemmche vun minger Neech: „Tante Elfi, dat ess nit et „Scheiß Jabi", dat ess doch dinge Jung."

Hatt ich et nit evvens allt jesaat, eijentlich hann ich die Babypoppe vun Aanfang aan allt richtich schön jefunge.

E bessje hann ich mich jeschammp, ävver ander Mütter un Tante hatten och su ehr Aventörcher met der Popp.

Ming Fründin, et Mia, wor met singer klein Neech en de Ferien en et Land vun der Queen jefahre, däm englisch Lisje, wat immer su drollije Höt dräht. Op nem Parkplaatz en Cardiff hatten se et Auto stonn jeloße, för jet „Sightseeing", wie dä weltjewandte Kölsche säht, ze maache. Wie vum Himmel jefalle stundt op eimol ne Waachmann vörm Auto un maat enne wödich met Häng un Föß klor, dat se op keine Fall dat Baby, alsu „Scheiß Jabi", em Auto loße künnte. Hä wor öntlich en Brass un janz uns dem Hüsje. Dat kunnt doch nit wohr sin: E Baby allein em Auto zoröckzoloße, unmüjjelich. Wat woren dat dann för Minsche? Mer sohch em aan, dat jingk em unger de Huck. Ovschüns et Mia jot englisch sprich, kunnt et däm opjeräächte Kääl nit verklöre, dat dat bloß en Popp wor. Alsu die Popp erus us dem Auto, un dann maat et „Scheiß Jabi" et Sightseeing-Türche om Ärm vum Mia met. Op nem Spillplaatz, wo se sich noh e paar Stündcher talpe ens koot jet räste däte, kom e klei Weech met singer Mamm aanjefloge un dät die aanbeddele: „I want to look at the baby"! Immer widder reef et „baby, i want to look at the baby". Un weil de Mamm nä saat, fing dat Klein aan ze kriesche un hoot nit mih op. Jetz allt jet aanjeschlage un fädich met de Nerve nohm et Mia die Popp, quakten die däm Weech en de Ärm, un saat met bletzende Auge zo singer Neech: „Dat wor dem „Scheiß Jabi" si ehsch un och si letz Türche."

Un bes hück hät et Mia noch immer die Werbung för die Popp em Kopp: „Kaufen Sie Ihrem Kind eine Puppe, die lebensecht aussieht. Ein Gewinn für jede Familie."

Zwei Minschelevve

Fünfunveezich, do hann se sich kennejelihrt,
Vum Kreech usjelauch, vum Leid strapazeet,
Et stundt kaum e Huus en dem kleine Oot,
Doch för die zwei woodt dä zom Paradies.

He wollten se levve, endlich widder doheim.
E eije Huus baue, ov jroß ov klein.
Nor de Famillich, die wor enne jeblevve,
För die zwei wor se et Paradies.

Se hann öntlich jemaggelt, nix usjeloße,
Kannten en Kölle de Jasse un Stroße,
Wo mer om Schwatze Maat kunnt verdeene,
För der Draum vun dem Paradies.

Dann e Jrundstöck jekauf, ehschte Schrett för et Jlöck,
Jetz wor et esu wick, keine Wäch jingk zoröck.
Johrelang woodt jearbeidt bes en de Naach,
Bes dat et fädich, dat klei Paradies.

Su verjingken de Johre, se woren jesund,
Der Fründ levvensfruh, doch der andere kunnt
Die schlemm Zigge niemols janz verjesse.
Dat Huus blevv si klei Paradies.

Zoehsch jingken de Pänz, un em Huus woodt et stell,
Et woren jetz Zemmere vill zo vill,
Die hä fröher met Schweiß selver jebaut,
Et woodt einsam, si klei Paradies.

Unverhoots storv sing Frau, Dudsstelle em Huus,
Doch hä blevv he wonne, hä woll nit erus.
De Pänz kome un jingke, dann wor hä allein
En singem trorije Paradies.

Dä Fründ jetz och alt un wie hä allt allein,
Kom treu jeden Daach ov nohm en met Heim.
Sing löstije Aat un Freud am Levve
Braaten jet Leech en si dröv Paradies.

Met fünfunnüngsich komen dann de Blessore.
Hä woodt fläjebedörftich, et tickten de Uhre.
Der Avschied vum Huus, der Avschied vum Levve,
Jetz schlöf hä bovven em Paradies.

Fünf Johrzehnte zosamme, wat wor dat en Zick.
Am Jrav steit der Fründ, voll Dank singe Bleck,
Wä hatt, wie meer zwei, su lang op der Äd
Su e eije klei Paradies?

Vör bovvendrop...
jet Neues un jet Ahles

Kenns do noch en Plüschprumm?

Vers 1
Kenns do noch en Plüschprumm,
En Möschtijall un e Kamesol?
Kenns do noch e Rüffje?
Saach, ess die Sproch nit jeck un doll!
Ov e Kradepack, ov en Stippefott,
All dat jefällt dem levve Jott.

Durch der Brell do ka'mer lore,
Bes en et Läuvefinster huh.
Mer kann sich och jot drop setze,
Om Abtrett ess dat evvens su.
Do weiß doch: Jeck loss Jeck elans!
He met där Sproch do alles kanns.

Vers 2
Kenns do noch en Putschblos,
E Schlotterhohn, e Kreppespill?
Kenns do noch ne Rämmel?
Su schön ahl Wööd ha'mer janz vill.
Ov en Jammertrööt, ov en Hungksmadam,
Haupsaach, dat die Sproch mer kann.

Uns Muttersproch hät su vill Wärme,
Beim Schänge laachs do dich kapott.
Un wann do dich he derheim föhls,
Dann möochs do he och nit mih fott.
Un määt mer he met deer de Aap,
Jenau dat ess uns kölsche Aat.

E Kölsch vum Fass

Vers 1
Wann ich ovends jonn
Su durch Kölle,
Loor die Jasse mer aan,
Hören leis die verzälle,
Blieven ich jän ens stonn, weiß wat kütt,
Hör e Rofe: „Drink doch met".
He jitt et kei Veltins, kei Hasseröder,
Och kei Paulaner, dat wör noch schöner.
He jitt et kei Becks, dat maach he kein Sau,
Doröm maat üch ens schlau:

Refrain:
E Kölsch vum Fass, dat ess ne Jenoss,
Jo, e Kölsch vum Fass deit mer jot.
Vun Altbier un Bockbier weed et mer schlääch,
Sich minge Stroß doför nit bewääch.
E Kölsch vum Fass, dat ess ne Jenoss,
Jo, e Kölsch vum Fass deit mer jot.
Joldjääl un jot jezapp em Jlas:
E Kölsch vum Fass.

Vers 2
He en der Weetschaff
Jitt et nor Kölsch,
Kei Bitburger ov
E ander Jemölsch,
Kei Krombacher; Pils ess wie en Strof,
Dat weiß he doch jede Doof.
Met Doppelbock fingks do keine Fründ.
Mer drinken dat nit, selvs jeschenk en Sünd.
För uns ess e Kölsch off e Stöckche Jlöck,
Doröm versöhkt et flöck:

Refrain:
E Kölsch vum Fass, dat ess ne Jenoss ....

Kölle ess mih

Kölle ess mih wie der Dom un de Vringspooz,
Et Veedel un de römische Moor.
Kölle ess mih wie der Rhing un de Altstadt,
De Jässjer un Prinz, Jungfrau un Boor.
Kölle ess mih wie de Oper un Huhstroß,
Der Nümaat un der Dreikünningeschring.
Kölle ess mih wie Alaaf un de Kirche,
Et Hännesje un ne Hellijesching.

Kölle, dat ess Schicki-Micki un Klüngel,
Dat ess Tradizijun met janz vill Pläseer,
Kölle, dat ess de Trümmermadonna,
E Mahnmol vum Kreech, mer hält se en Ehr.
Kölle, dat ess: et Heimwih ze spöre,
Irjendwo, wick fott vun Zohuus.
Kölle, dat ess wie ne Mantel, dä wärm hält,
Selvs wann do et mööchs, do kriss en nit us.

Kölle, dat sin och jrau Hingerhöff,
Die düüster un dreckelich, ohne en Blom.
Kölle, dat sin ahl verfalle Hüüser,
Die nit renoveet wäde wie unse Dom.
Kölle, dat ess nit bloß Richdum un Jeld.
Et levve jenohch Lück och he op der Stroß.
Kölle, dat ess hück en Milljunestadt,
För Puute ess se mänchmol zo jroß.

Kölle, dat ess de Domplaat em Summer,
Op der e Jroßstadtlevve pulseet.
Kölle, dat ess sich freue aan Künsler,
Vun denne jeder jet Neus fabrizeet.
Kölle, dat ess die Plaatz för zo dräume,
Doför sorge Dealer rund öm et Johr.
Kölle, dat ess de Täsch fasszohalde,
Söns ess se fott, och dat ess he wohr.

Wie mer süht, ess Kölle nit besser
Wie ander Städt bei uns op der Welt.
Mänchmol ess Kölle richtich jewöhnlich,
Doch jet jitt et he, wat anderswo fählt.
He spööt mer noch Wärmde un Freud vun Minsche,
Die eifach nor sage: Jeck loss Jeck elans!
Aan Baute un Stroße kann dat keiner messe.
He hann sujar Punker un Jrufties en Schangks.

Dat ess Kölle!

Allt widder jeit e Johr zo Engk

Allt widder jeit et Johr zo Engk,
Et wor doch jrad ehsch Mai.
Doch irjendseiner driht am Rad
Un zack, ess et vörbei.
Vör'n koote Rass hät mer kaum Zick
Weil widder einer drängk.
Un mer verjiss, wat wirklich zällt:
Et Levve, e Jeschenk!

Noh jedem Aanfang kütt en Engk,
Dat lihrt mer en der Schull,
Un mänchmol wünsch mer sich zoröck
Wie alles stundt op Null.
Wat en zwölf Mond passeere kann
Weed em Dezember klor.
Et neue Johr steit vör der Döör,
Ejal wie't ahle wor.

Mer hoffe, dat der Herrjott hilf,
Dat alles besser flupp.
Doch denkt draan, wa'mer't üvverdriev,
Weed mer zorääch jestupp.
Wat en zwölf Mond passeere kann,
Dat weiß keiner jenau.
Et neue Johr steit vör der Döör –
Noh zwölf Mond sidd ehr schlau.